中公新書 2522

渡辺 靖著

リバタリアニズム

アメリカを揺るがす自由至上主義

中央公論新社刊

目次

図版作成　志岐デザイン事務所

リバタリアニズム　アメリカを揺るがす自由至上主義

私たちは皆、自由を謳い上げます。しかし、同じ言葉を用いているからといって、同じ意味で用いているとは限りません。（"We all declare for liberty; but in using the same word we do not all mean the same thing."）

——エイブラハム・リンカーン（一八六四年）

第1章　リバタリアン・コミュニティ探訪

SHRINKING BIG GOVERNMENT • ADVANCING LIBERTY　www.LP.org

LP News

YOUR VOTE COUNTS

Election Results, Pages 5–6

December 2017　The Official Newspaper of the Libertarian Party　Volume 47, Issue 5

In This Issue:

Libertarian Party wins 18 races in November

On Nov. 7, the Libertarian Party won 18 races for public office, continuing an upward trend in the number of voters who support the party. Last year, the Libertarian Party set its all-time record in presidential elections when the ticket of Gov. Gary Johnson and Gov. Bill Weld won nearly 4.5 million votes from all 50 states.

"The LP is succeeding in maintaining that forward momentum in the 2017 off-year elections through a focus on building the party by winning local races," said Nicholas Sarwark, chair of the Libertarian National Committee.

The 18 Libertarian candidates who won office on Nov. 7 are:

- **Jim Turney** — Altamonte Springs City Commission (Florida)
- **Andy LeCureaux** — Hazel Park City Council (Michigan)
- **Christopher Nance** — Carthage Town Commissioner (North Carolina)
- **Trishanda Barhorst** — Pleasant Hill Council (Ohio)
- **Jerry Nance** — Exeter Township School Director (Pennsylvania)

continued on page 7.

New recruitment specialist to help 2,000 candidates run in 2018

Our goal for 2018 is ambitious: to have three times as many Libertarian candidates on ballots as we did in 2014. That means we need to recruit well in excess of 2,000 candidates nationwide. Cara Schulz, the Libertarian National Committee's new candidate recruitment specialist, is critical to our ability to pursue aggressive growth and these ambitious goals.

Schulz has not only managed other people's campaigns at federal, state, and local levels, but has personally run for public office and won.

After her first attempt fell short in 2014, she ran again in 2016 for Minnesota's Burnsville City Council (population 61,630) and won. Although the position is officially nonpartisan, she defeated opponents that had been endorsed by the the Republican and Democratic parties and supported by the Chamber of Commerce. Schulz will continue her service on the council and will work for the LNC from Minnesota.

Schulz has more than two decades of experience in sales and sales management, mostly working with remote teams. That experience will come in handy as she faces the monumental task of helping our affiliates nationwide recruit 2,000 candidates for office in 2018!

In 2016, Schulz knocked on more than 22,000 doors in five months while campaigning for herself and while serving as the state director for the Gov. Gary Johnson / Gov. Bill Weld campaign. She won't accept many excuses. She's the kind of person we need to rally libertarians to run for office nationwide.

If you are even remotely considering running for something in 2018, please express your interest today here: LP.org/run

Schulz can be reached at cara.schulz@LP.org, and she wants to help as many of you as possible run for office in 2018.

"Thank you for stepping forward instead of sitting on your hands," Schulz said. "Thank you for speaking up instead of being silent. Thank you for fighting and not giving up. We do this because we believe in personal freedom, personal responsibility, private property, free markets, and non-aggression."

Cara Schulz

リバタリアン党のステッカー（上）と機関紙

1　フリーステート・プロジェクト

ニューハンプシャーに移住しよう

米北東部ニューハンプシャー州。全米で最初に大統領選挙の予備選（プライマリー）を行うことが州憲法で定められており、四年に一度、同州には世界中からメディアが殺到する。

この州で、近年、にわかに注目を集めている民間の構想がある。その名も「フリーステート・プロジェクト」（FSP、自由州計画）。自由市場・最小国家・社会的寛容を重んじるリバタリアン（自由至上主義者）二万人が同州に移り住むことを目標としている。日本では考えられない大胆な着想だ。

事の発端は二〇〇一年七月。当時、二十四歳だったイェール大学の大学院生ジェイソン・ソーレンスがリバタリアン系のオンライン・ジャーナルで「小さな州」への二万人の移住を提唱したことが契機だった。熱心なリバタリアンが二万人集結すれば、小さな州であれば政治を左右できるというわけだ。

投稿後、わずか二週間で二〇〇人以上がメールで参加を表明。署名者が五〇〇〇人に達した二〇〇三年に移住先の投票が行われ、ニューハンプシャー州が選ばれた（次点は西部ワイオミング州）。

ニューハンプシャー州は、一七七六年一月、アメリカ独立宣言の半年前に最初の「州」として憲法を制定し、独立を宣言した。州のモットーはジョン・スターク将軍が独立戦争の戦友に宛てた手紙の一節、「自由に生きよ、然《しか》らずんば死を」（"Live Free or Die"）。

独立と自治の精神が強く、伝統的な民主主義の形態としてのタウンミーティングが今も活《かっ》溌《ぱつ》だ。州議会（下院）の定数（四〇〇）は全米最大。人口比では全米で最も「民主的」な州とも言える。一八八九年以来、議員の給与は年一〇〇ドルに据《す》え置かれたままだ。固定資産税こそ高いが、所得税も消費税も相続税もなく、税負担は全米で二番目に低い（一位はアラスカ州）。近年は隣接するマサチューセッツ州のIT関連企業が進出し、観光産業と並んで同州の主要産業となっている。

おまけに銃規制は西部や南部の州並みの緩さ。他人に見える形での拳銃《けんじゅう》の携行（オープンキャリー）も認められている。自動車保険の加入も必須《ひっす》ではなく、シートベルトやヘルメッ

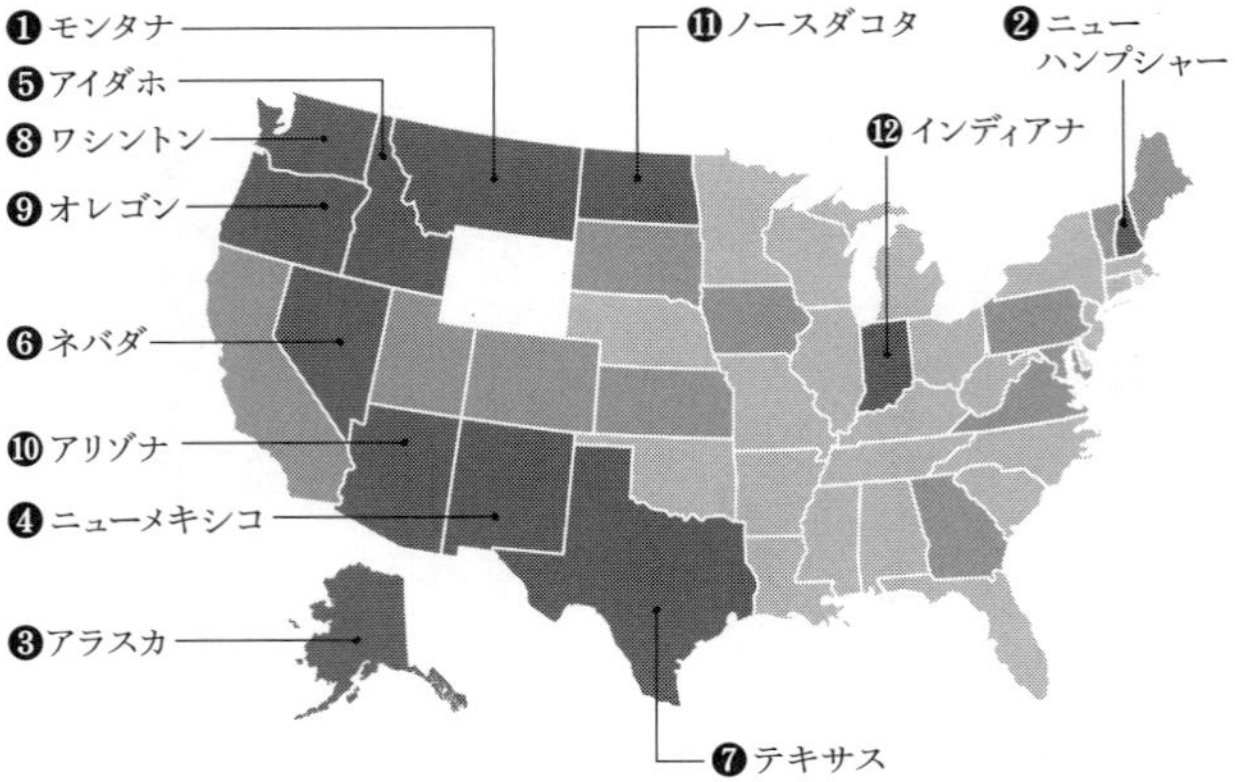

図1－1　リバタリアンの多い州（番号は多い順）
註：有権者の投票行動と政治献金をもとに各州の傾向を4分類したもの．色が濃い州ほどリバタリアンが多い．ハワイとワイオミングの2州はデータが不完全のため除外

ト着用の義務もない。

約一三〇万人という人口の少なさに加え、こうした自由な政治風土が高く評価された。リバタリアンは総じてアメリカ本土の西半分に多いが、ニューハンプシャー州は、中西部インディアナ州と並び、東半分では突出した存在となっている（図1－1）。その意味では妥当な選択でもあった。

二〇一六年二月には二万人の署名が集まり、予定より二年早く目標を達成した。署名した者は五年以内に移住することになっており、原則、二〇二二年までには完了する（ただし、署名に法的拘束力はなく、居住期間も自由）。現在、すでに四〇〇〇人以上が州内に居住している（二〇一八年十二月時点）。

興味深いのは、移住といっても、村落のような共同体を作る意図はない点だ。博士論文で古今東西のユートピア共同体を調べたソーレンスは、社会主義国家のような大きな共同体も、村落のような小さな共同体も失敗していることを学んだという。

確かに、空想的社会主義者ロバート・オーウェンが一八二五年にインディアナ州に設けた協同組合村「ニューハーモニー」も、無政府主義者のジョサイア・ウォレンとスティーヴン・アンドリュースが一八五一年にニューヨーク州に作った個人主義的な実験コミュニティ「モダンタイムズ」も短命に終わっている。小さな共同体は人間関係の軋轢《あつれき》が生じやすく、その影響力も限られている。

ジェイソン・ソーレンス

そこでソーレンスが着目したのが国家と村落の中間、すなわち〝小さな〟州というわけだ。州内であれば、居住する場所も形態も自由。あくまでニューハンプシャー州の政府の役割を最小限——州民の生命・自由・財産の保護——に留《とど》めることを使命としている。むしろ州全体に分散し、自由に暮らしつつ、必要に応じて連帯するほうが大きな影響力を期待できる。いわば自律・分散・協調モデルである。

ソーレンス自身、現在、同州にあるアイビーリーグの名門ダートマス大学の政治学部で講師を務めつつ、FSPを主宰する同名のNPOの会長を兼務している。

二〇一四年の州議会（下院）選ではFSPから一八人が当選。所属政党は共和党、民主党、リバタリアン党とさまざまだが、学校選択の自由からマリファナ解禁まで、リバタリアンとしての矜持《きょうじ》は共有している（二〇一八年一月、下院は娯楽用マリファナの解禁へ向けた予備承認を可決）。

FSP自体はNPOのため直接的な政治活動はできないが、特定の課題について見解を示すことは問題ない。当初は独立戦争時の軍人・政治家のクリストファー・ガズデンがデザインした「私を踏みつけるな」（＝自由を踏みにじるな）というガラガラヘビ（アメリカを代表する毒蛇《どくへび》）のロゴを用いることも検討したが、もう少し独創的で親しみやすいイメージということでヤマアラシのロゴに落ち着いた。

「リバティ・フォーラム」

FSPは、現在、年に二度、大きなイベントを主催している。一つは夏のキャンプ・フェスティバル「ポークフェスト」。二〇〇〇人以上が集うリバタリアン系世界最大規模の集会だ。そして、もう一つが冬の会議「リバティ・フォーラム」。こちらは六〇〇人以上が集う三日間のイベントで、講演やパネル討論が中心。二〇一六年にはアメリカの国家機密を漏洩《ろうえい》しロシアに逃れているエドワード・スノーデンがテレビ会議で参加し大きな反響を呼んだ。

二〇一八年二月、そのフォーラムに参加するべく、厳冬のニューハンプシャー州マンチェスターを訪れた。受付でいきなり拳銃を腰に携えた中年男性三人組から握手を求められ面食らう。周知の通り、合衆国憲法修正第二条（一七九一年成立）は、国家権力が暴走して市民の自由や権利を抑圧する事態に陥った場合、市民が武装して不正な国家と戦って転覆させる抵抗権（革命権）を含意している。「銃規制は政府の圧政の象徴。私たちはそれに抗っているのです」とのこと。

ITと金融が融合したフィンテックや仮想通貨（暗号通貨）に関するブースやパネル討論も目を引いた。フォーラムでは二〇一一年から参加費をビットコインで支払うことを認め、一三年には世界初となるビットコイン専用のATMも会場に設置した。「ビットコインのイエス・キリスト」（Bitcoin Jesus）の愛称を持つエンジェル投資家ロジャー・バーや、スウェーデン初の思想結社である海賊党の発起人であり仮想通貨にも詳しいリッキャード・ファルクヴィンゲなど、この分野の著名人がこれまで数多く参加している。ブースにいた専門家は「FSPは世界最古で最大の仮想通貨コミュニティの一つ」と豪語していた。

ソーレンスも当初は州政府を「乗っ取る」ことを真剣に考えていたが、最近では、むしろ仮想空間を拡充することで政府の規制や介入を有名無実化することに関心があるようだ。ちなみに今回(二〇一八年)のフォーラムから、ビットコインではなく「ダッシュ」という仮想通貨を用いることになった。より匿名性が高く、取引(承認)スピードが速く、しかも安価というのがその理由だ。

仮想空間とリバタリアンの親和性が高いことは想像に難くない。フォーラムではコンピューターの専門家やスタートアップ起業家と多く出会った。インターネットラジオの司会者やポッドキャストのコメンテーターらによる講演やパネル討論も盛況で、進取の気風に満ちていた。

リバティ・フォーラム

印象的だったのは、史上最大の闇サイト「シルクロード」事件で逮捕され、仮釈放なしの終身刑を言い渡されたサイト創設者ロス・ウルブリヒトの母親による講演だ。

同サイトは匿名性の高いビットコインやダークウェブ（通常のインターネットから直接アクセスできない隠れたウェブサイト群）を用いることで、違法コンテンツから違法ドラッグ、人身売買、殺人依頼まで、二〇一三年に閉鎖されるまでの二年半の間に、約一二〇万件の違法取引を行い、「闇のアマゾン」とも呼ばれていた。

しかし、ウルブリヒト自身はサイトを開発しただけで、純粋に「人間の知識のフロンティアを広げること」のみを目的にしていたという。実際、心優しく、誠実な好青年との評判も高く、裁判の欠陥や判決の不当性を指摘する声は絶えない。息子の即時釈放を訴える母親の話に、国家権力に懐疑的な聴衆は惜しみない拍手を送っていた（この事件は、現在、ハリウッドを代表する映画監督、コーエン兄弟の脚本で映画化が進められている）。

この他にも、警官による駐車違反取り締まり、ドローンを用いた政府や軍による市民監視、空港での保安検査の実態を告発するパネル討論もあった。アメリカでは、近年、白人警察官による黒人射殺などが社会問題化しているが、リバタリアンにとってはまさに「国家権力による暴力」の証左と映っているようだ。

もっとも、FSPのこうした反政府的な姿勢には反撥《はんぱつ》もあるようだ。二〇一二年、州都コンコード市は、FSPなどの独立系団体がテロを企てかねないとして、米国土安全保障省（DHS）に装甲車の購入費など二五万ドルを申請し、承認された。後日、市当局は誤解だったとしてFSPに謝罪したが、FSPにとっては「警察の軍隊化」に対する懸念を一層深める結果となった。

このように書くとリバタリアンが過激派のような印象を与えるかもしれないが、リバタリアンは暴力を強く否定する。それどころか、私が知る一般的なアメリカ人と比べても、友好的で、親切で、気さくな人が多いように思う。

日本では、リバタリアンはアメリカの「保守派の一部」と見なされがちだが、湾岸戦争やイラク戦争には反対した。人工妊娠中絶や同性婚についても国家が口を挟むべき事案とは考えない。さらに言えば、レイシズム（人種差別主義）やナショナリズムは個人を矮小化《わいしょうか》するドグマとして否定する。

二〇一〇年の中間選挙で共和党を躍進させた保守派の草の根運動「ティーパーティ」（茶会）と同一視されることも多い。確かに歳出削減や赤字縮小、反増税など財政保守の姿勢は一致する。しかし、あるフォーラム参加者曰《いわ》く、「ティーパーティ参加者のプラカードに「私のメディケア（高齢者や障害者向けの公的医療保険制度）を踏みつけるな」と書かれていたのを見て呆気《あっけ》に取られました。メディケアこそ「大きな政府」の象徴です。ティーパーティは軽薄なブームに過ぎないと悟りました」。

連邦議会には財政保守派の下院議員三五人ほどが集う「フリーダムコーカス」という議員

連盟がある。全員が共和党に属すが、原理原則にこだわり、妥協を嫌うことから、党内の足並みを乱すことも珍しくない。事実、二〇一七年にオバマケア（公的医療保険制度）改廃が頓挫《とんざ》した一因でもある。彼らが求めたのは「改廃」ではなく「完全撤廃」だった。ただし、リバタリアンはこのコーカスの議員を無条件に支持しているわけではなく、宗教保守（キリスト教原理主義）派や安保保守（タカ）派である議員には冷淡だ。

よりリバタリアンの立場に近いのは「リバティコーカス」という下院の議連だが、こちらは八人の小世帯。かつての「ティーパーティ・コーカス」は、現在、この二つのコーカスに事実上吸収されている。両コーカスに属する議員も少なくない。

ドナルド・トランプ大統領については厳しい意見が多い。「彼は原理原則のない空洞だ。ただのポピュリストでナショナリスト」「レイシスト」「規制緩和や税制改革は評価するが、巨額のインフラ投資や軍拡路線はいただけない」等々。

リバタリアンの間で人気の高い共和党のジェフ・フレーク上院議員はトランプ批判の急《きゅう》先鋒《せんぽう》の一人。二〇一八年一月には、トランプがメディアを「国民の敵だ」と主張している点について、旧ソ連の指導者ヨシフ・スターリンを引き合いに出しながら「恥ずべきことだ。事実に忠実でなければ民主主義は続かない」と議会で訴えた。

同氏は不法移民に市民権獲得の道を開く移民制度改革法案を超党派で作成した。移動の自由は個人の基本的権利であり、移民こそはアメリカの力の源泉になっているとの信念が根底にある。それゆえ、不法移民を強制送還し、イスラム圏からの入国制限を訴えるトランプとは対立。トランプ支持者からの反撥は凄《すさ》まじく、二〇一八年の中間選挙には出馬せず、政界を引退した。

移民や他宗教、LGBTQ（性的少数者）、人工妊娠中絶などに寛容なリバタリアンの姿勢はリベラル派のそれに近い。しかし、銃規制や公的医療保険制度などをめぐる立場は正反対。「政府は自由にとっての障壁」と見なすリバタリアンと「政府は自由のための手段」と見なすリベラル派の意識の裂け目はあまりに大きい。

ある面では保守で、ある面ではリベラル。それゆえにどちらでもなく、どちらからも批判されるリバタリアン。しかし、リバタリアンの側からすると、厳罰化や軍備拡張に積極的な保守派も、規制強化や公共事業に積極的なリベラル派も「大きな政府」を前提としている点は同じだ。絶対王政に象徴される政府の圧政からの解放を求め、自由市場・最小国家・社会的寛容を重んじる、本来の自由主義からはどちらも逸脱してしまっている。リバタリアンこそが真の自由主義を忠実に堅持している、と自負している。

若者の間で高まるリバタリアン志向

ところで、フォーラムの会場を回ってみると、思ったより若い参加者が多いことに気づく。参加費は一五〇〜三〇〇ドル前後（宿泊費を除く）と決して安くはなく、また学期中ということもあり、学生の姿こそまばらだったが、三十〜四十代の参加者の多さは予想以上だった。夕食の席でソーレンスにそう伝えると、「若者は共和党にも民主党にも失望しています」とのこと。「大学の学費は急騰し、多額の借金を抱える若者も少なくありません。雇用は不安定で、親の世代の豊かさを享受できそうにはありません。それなのに二〇〇八年のリーマンショックの際、政府は経営破綻した金融機関を私たちの税金で救済しました。おまけに経営者たちは巨額のボーナスまで手にしたのです。若者には到底納得がいきません」と熱く語った。

若者の政治不信というと、二〇一六年の大統領選における「サンダース旋風」が記憶に新しい。同じテーブルにいたＦＳＰの若手女性スタッフにそう告げると、「バーニー（・サンダース上院議員）の闘志は立派です。彼の言う「民主社会主義」に惹《ひ》かれる若者が多いのも分かります。「社会主義」を知らない世代ですから。でも、政府を大きくすることは問題を大きくするだけです」とのこと。

すると、ナノブルワリー（超小規模クラフトビール醸造所）を営む三十代前半の男性が「二〇二〇年の大統領選挙がとても楽しみです」と続けた。「トランプが共和党を破壊し、民主党も内部対立を抱えています。そうなると両党に幻滅した有権者がリバタリアン党に流れてくるはずです。とくに私たちミレニアル世代（一九八一～九六年生まれ）は社会的にも経済的にも自由を重視し、かつ変革志向が強いですから」。

リバタリアン党はリチャード・ニクソン政権時代の一九七一年に結成された。ベトナム戦争や徴兵制、金本位制の停止や価格・賃金規制への反撥が直接の契機だった。

二大政党に次ぐ、三番目に大きい政党ではあるが、党員登録者数では民主党（約四五〇〇万人、有権者全体の四〇・三％）、共和党（約三三〇〇万人、同二九・六％）に対して、約五〇万人（同〇・四六％）という弱小ぶり。市政レベルまで含めると全米で一五九人が公職に就いているが、連邦議会に議員は皆無。長年、大統領選における一般得票率も〇・五％前後を超低空飛行してきた。

しかし、バラク・オバマ大統領が再選された二〇一二年は〇・九九％と〇八年から倍増し、さらに一六年は三・二八％へ三倍増となった。

さらに、忘れてはならないのは、リバタリアンは必ずしもリバタリアン党に投票しないという点だ。アメリカでは第三政党が国政に影響を及ぼすことはまずない。それゆえ、むしろ二大政党に投票し、いわば「内側」から両党の綱領や候補者に影響を与えるほうが現実的とも言える。

リバタリアン系の代表的シンクタンク、ケイトー研究所の二〇一七年夏の報告によると、有権者に占めるリバタリアンの割合は七〜二二%の範囲内で、おそらくは一〇〜一二%とのこと。投票では、個人がそれぞれ重視する政策課題に応じて共和党や民主党、あるいはリバタリアン党や緑の党などを選択するという。党としての影響力はほぼ皆無だが、有権者層としては決して看過できない。

FSPのスタッフが指摘するように、近年、若者の間でリバタリアン志向が高まっていることを示唆する報告も相次いでいる。

ハーバード大学の政治研究所（IOP）は十八〜二十九歳の若者約五〇〇〇人を対象とした政治意識に関する全米調査を定期的に行っている。二〇一四年春の報告によると、無党派層は三八%（民主党支持が三七%、共和党支持が二五%）で、調査を始めた二〇〇〇年と比べると五・四ポイント増加している。とくに財政規律や軍縮、社会的寛容を求める傾向が強い。シカゴ大学とNBCニュースが十八〜三十四歳の若者約二〇〇〇人を対象に二〇一七年秋に行った同様の全米調査でも、七一%が二大政党に幻滅しており、本格的な第三政党が必要だと回答している。

学生の間でもリバタリアン系の組織が次々と立ち上がっている。

二〇〇八年には「自由のための学生」（SFL）の最初の大会がコロンビア大学で開催され、

約一〇〇人が参加した。その後、シンクタンクや財団などの支援を受け、リバタリアン系としては世界最大の学生NPOに成長。二〇一七年の大会では四〇ヵ国から一四〇〇人以上がワシントンに集った。

二〇〇八年といえば、イラク戦争や死刑制度、連邦準備制度（Fed、米国の中央銀行制度）への反対など、筋金入りのリバタリアンとして知られるロン・ポール（元連邦下院議員）が共和党から大統領選に出馬し、インターネット上で若者から大人気を博した年でもある。ポールは全米の若者に組織づくりを呼びかけ、「自由のための若きアメリカ人」（YAL）や「自由同盟のための淑女たち」（LOLA）などの創設が相次いだ。

今日では、リバタリアン系の学生組織をキャンパスで見かけることは何ら珍しくない。例えばハーバード。私が在学していた一九九〇年代にはリバタリアニズムの代表的思想家ロバート・ノージックがまだ教鞭《きょうべん》を執っていたが、学生組織のようなものは思い出せない。しかし、今日ではしっかりと「ハーバード・リバタリアン・クラブ」（HLC）が存在している。共同代表を務める女性は応用数学と経済学を専攻する学部の二年生。聞けば、創設は二〇〇四年。会員数は二八人、うち女性が五人、白人以外が一〇人とのこと。キャンパスで討論会や講演会を定期的に催しており、最近ではデヴィッド・ルービン（政治トーク番組司会者）やヤロン・ブルック（アイン・ランド協会〔第2章1節参照〕会長）、ジャスティン・

アマシュ（連邦下院議員）などを招いている。クラブの顧問は、同大の経済学部教授でケイトー研究所の経済研究主幹を兼任するジェフリー・ミロンが務めている。

高校時代に哲学書を通してリバタリアニズムに傾倒した者。もともと保守主義者だったが、社会的に不寛容な姿勢に失望してリバタリアンに転じた者。リーマンショックに警鐘《けいしょう》を鳴らしていたオーストリア経済学（リバタリアニズムの理論的支柱）に惹かれた者、等々。入り口はさまざまだ。

ハーバード・リバタリアン・クラブ

メンバーの多くは二〇一六年の大統領選でリバタリアン党のゲーリー・ジョンソン（元ニューメキシコ州知事）を支持した。ランド・ポール（連邦上院議員、ロン・ポールの息子）やアマシュが所属する共和党にも一定の支持があるが、トランプは「すこぶる不評」とのこと。

ＨＬＣ共同代表の女性はＹＡＬやＬＯＬＡにも深く関わっている。一年生の夏にはアマシュの議員事務所でインターンシップを経験。マリファナ解禁から司法制度改革、トランプ政権の政策まで、キャンパス内外の仲間と議論を重ね、切《せっ》磋琢磨《さたくま》しているようだ。

ハーバードのすぐ近くにあるマサチューセッツ工科大学（MIT）では二〇一一年冬に学内新聞 ***The Tech*** が同大の全学生（大学院生を含む）を対象にした政治意識調査の結果を発表した。それによると全体の二割が回答し、うち二三％が自らを「リバタリアン」と認識している。そのうち三五％がリバタリアン党、二三％が民主党、九％が共和党への親近感を抱いている。前掲のケイトー研究所の推定よりも高い比率だ。ちなみにリバタリアン党を創設したデヴィッド・ノーランもMITの卒業生である。

MIT卒のリバタリアンには、かのコーク兄弟もいる。総合企業コーク・インダストリーズの最高経営責任者（CEO、兄チャールズ）ならびに副社長（弟デヴィッド）で、『フォーブス』誌の世界長者番付トップ10ランキングの常連。その絶大な資金力を背景に、官僚支配や重税、過剰福祉、金融統制に抗う組織や運動を支えてきた。二〇一七年にはハーバードとMITの外交研究プログラムに三七〇万ドルを寄付すると発表。アメリカ外交が軍事力偏重、介入主義、経費過多に走りすぎているとの危機感が背景にある（第2章2節参照）。

なぜリバタリアンか

アメリカは今後も二大政党制であり続けるだろう。保守政党としての共和党、リベラル政党としての民主党という位相も変わらないだろう。

しかし、こうした構図にもゆっくりとした地殻変動が起きつつあるのかもしれない。従来の枠には収まりきらない民意のうねりが徐々に顕在化しているのではないか。リバタリアニズムはその鼓動を探る糸口になるのではないか。「サンダース現象」や「トランプ現象」など、近年の型破りなうねりと合わせつつ、アメリカ民主主義の今を再考してみたい。

リバタリアンの言動には過激で急進的な面がある。しかし、その思想的源流はジョン・ロックやアルジャーノン・シドニー、アダム・スミス、デヴィッド・ヒューム、イマニュエル・カントなどに求めることができる。長い歴史のなかで培われてきた自生的な秩序や制度を重んじる面もある。人間や文化を無視した単純な社会工学の思想ではない。そして、その政治的源流はジョージ・ワシントンやトーマス・ジェファーソンなど「建国の父」たちまで遡《さかのぼ》ることもできる。ある意味、最もアメリカ的なイデオロギーでもある。

「白人富裕層のイデオロギー」というイメージも根強いが、そこに「人種差別」や「弱者切り捨て」というイメージを安易に重ねてしまうと、おそらくリバタリアンの本質を読み違えることになる。

「経済的保守・社会的リベラル」という理解は概ね正しいが、それは必ずしも共和党の経済政策や民主党の社会政策への支持を意味しない。先述したように、政府の干渉や中央による計画という点で、実は両者は共通しているからだ。とはいえ、私的所有権を認めない左翼のアナーキズム（無政府主義）とはもちろん異なる。

リバタリアンの描く社会像は根源的な次元で私たちの固定観念を揺さぶる。自由を極限まで進めようとするとき、その先に何があるのか。「自由のための手段」としての政府の存在意義はどこにあるのか。そもそも社会とは何か。政治とは何か。そして自由とは。

リバタリアンは海外とのネットワーキングにも積極的だ。例えば、首都ワシントンにあるNPO「アトラス・ネットワーク」（AN）は海外九五ヵ国、四八二のリバタリアン系組織とパートナー関係にある。こうしたトランスナショナルなうねりも視野に入れつつ、本書ではリバタリアンの思考と実践を探ってみたい。

言うまでもなく、他者理解と自己理解は不可分である。アメリカを見つめながら、私は日本を見つめている。財政難、少子高齢化、地方疲弊、貧困層増加などを前に「大きな政府」がますます立ち行かなくなる反面、明治以来の中央集権的な統治、すなわち「お上」（＝政府）への依存心は相変わらず高い。その一方、家族形態や働き方は多様化・個人化し、インターネット社会を前提とするミレニアル世代は社会起業やシェア経済など「公」と「私」をめぐる新たな関係性に目覚めている。

目下、日本では「保守」や「リベラル」をめぐる議論が盛んである。リバタリアニズムに賛同するか否かは別として、その視点は日本の言論や政治において最も欠落しているもののようにも思う。本書が日本社会の制度や規範を再考する一助となれば幸いである。

次節はアメリカ東海岸を離れ、西海岸、そして南部へと向かいたい。

2　人類を政治家から解放しよう

シーステッド構想

エイブラハム・リンカーン大統領が署名した有名な法の一つにホームステッド法（一八六二年）がある。二十一歳以上の世帯主に公有地を貸与し、五年以上開拓に従事すれば、一六〇エーカー（東京ドーム約一四個分）の土地を無償で与えるというものだ。

そこには、西部の歓心を買うことで南北戦争の形勢逆転を狙ったリンカーンのしたたかな計算がある。失敗や悪用も跡を絶たなかったが、自営農民による西部開拓が進んだことは確かである。「ホームステッド」（homestead）という言葉には「開拓者精神」「先占者の権利尊重」「自由化による活力創出」といった前向きな響きがある。

そして今、その精神を洋上に体現しようとする「シーステッド」（sea-stead）構想が注目

図1－2　浮島完成予想図
出所：The Seasteading Institute

を集めている。といっても、勇猛な漁民に未開の海域の先占権を与えるという話ではない。それはあまりに現実離れしている。

ここでのシーステッドとは公海上の浮島に設営される洋上自治都市を指す（図1－2）。

それでも十分に空想的に聞こえるが、実は、ただの夢物語ではなくなりつつある。繰り返すが、ただの洋上都市ではない。自治都市である。そして、究極的には都市国家である。

主役はシリコンバレー界隈《かいわい》のリバタリアン。自由市場・最小国家・社会的寛容を重んじる彼らは「シーステディング研究所」(The Seasteading Institute) というNPOを立ち上げ、「人類を政治家から解放すること」を目指している。世界初となる実験の舞台は南太平洋にある仏領ポリネシア・タヒチ島の沖合だ。

早速、研究所の創設者パトリ・フリードマン会長に会うべく、シリコンバレーにあるIT大手グーグル本社で待ち合わせた。大学と遊園地を合わせたような開放的な雰囲気が敷地いっぱいに漂っている。受付もタッチパネル方式。

パトリ・フリードマン

ほどなく現れたその人物は上下スウェット姿。いかにもシリコンバレーらしい。思ったより小柄で、気さくで、そして物腰柔らか。構想の過激さとの落差に拍子抜けする。

フリードマン氏は一九七六年生まれ。数学や計算機科学、経営学の学位を持ち、二〇〇四年にグーグルにソフトウェアエンジニアとして入社。〇八年に退社し、オンライン決済サービスPayPalの創業者で、シリコンバレー有数の投資家としてフェイスブックなども支援してきたピーター・ティールから五〇万ドルの資金援助を得て研究所を創設した。

もっとも、「シーステッド」という概念そのものはフリードマン氏が先占者ではない。古くは帆船上での持続可能な生活を指南した、著名な船乗りケン・ヌーメイヤーの著書『農場の航海』（*Sailing the Farm*、一九八一年、未邦訳）のなかに認められる。フリードマン氏も愛読者の一人だ。

「二〇〇〇年に「バーニングマン」に参加したのです。見ず知らずの、しかも風変わりな参加者がゼロから共同体を作り出す姿に感動しました。各人が直感を重んじ、従い、それでいて全体としての一体感があり、緩やかな秩序が保たれているのです。巨大な政府機構が統治する今のアメリカとは別世界でした」

「バーニングマン」とは西部ネバダ州の砂漠で毎年一週間開かれる音楽とアートの祭典で、六〇年代のヒッピー文化に起源を持つ。一九八六年に始まった当初は一〇〇人程度だった参加者は年々増加。二〇一七年には七万人にまで膨れ上がっている。

「参加後、新たな国家をいわば「祭典」として創り出したいと思ったのです。とはいえ、「革命」や「戦争」はあまりに非現実的です。かといって「選挙」では微々たる変化しか期待できません。外国に「移住」するのも容易ではありませんし、アメリカ以上に酷《ひど》い国がほとんどです。そのとき「シーステッド」が頭に浮かんだのです」

問題は受け入れ先だ。

「いろんな国に打診しました。小さな国で、安定していて、信頼できることが条件でした。幸い、二〇一三年に仏領ポリネシアから前向きな返事をもらいました。先方の閣僚との覚書も締結しています。現在は議会の法案可決を待っている段階です。計画が多少修正されるのは構いません。まずは着工することが先決です。私たちはすぐにできます。移住ビザの条件については、今後、フランス政府と交渉することになりそうです」

覚書では仏領ポリネシアがタヒチ島沖の一〇〇エーカーを経済特区として提供する予定だ。海面上昇で水没リスクのある地域だけに、同政府としても環境保全や安全保障の観点から関心が高く、双方の思惑が一致したようだ。

計画では二〇二〇年までに約一億六七〇〇万ドルをかけて住居（約三〇〇人分）やホテル、レストラン、オフィスなど一二の施設を建設する。太陽光発電や廃棄物・リサイクル装置、海水を使った室内気温の調整装置など、環境負荷の軽減やエネルギー・水・食糧などの自給自足を可能にするさまざまな工夫も施されている。約六〇〇〇万ドルはICO（新規仮想通貨公開）、つまり仮想通貨の発行・販売などのクラウドファンディングで調達する。事業を担う関連会社もすでに立ち上げてある。

「政府は「産業」ないし「市場」として考えると最も上手《うま》く機能します。二〇五〇年までに「浮かぶシンガポール」のようなシーステッドを一〇〇〇くらい作りたい。それぞれが独自の統治モデルを掲げ、その質を競い合い、住民に自由に選択してもらうのです。それらの集合体がいずれ「国家」になるかもしれません。まさしく「スタートアップ国家」です」

「自国から自由になりたい人は大勢います。そうした人びとの受け皿になりたい。たまたま生まれ落ちた国に個人の命運を左右されるのは正しくありません」

「最初は富裕層の移住が中心になるかもしれませんが、それはやむを得ないと思います。リスクを背負えるのもまた彼らだからです」

「シーステッドは（キャンピングカーのような）移動住宅と似ています。一つの土地に留まる必要はなく、例えば、戦争の可能性がある地域を避けることもできます」

安全保障や外交、司法、財政などの面で課題は多いが、すでに大学やシンクタンクの専門家と具体的な検討が進んでいるという。

祖父はミルトン・フリードマン

仏領ポリネシアの議会承認を待つ間、研究所は事務所をたたみ、フルタイムスタッフが一人在宅勤務するだけ。フリードマン氏もグーグルにフルタイムで働き、かつベンチャーキャピタルのマネージングパートナーを兼務、さらには二つの慈善事業にも深く関与している。おまけに新婚で、子育てにも意欲的。凄まじいバイタリティだ。

「シリコンバレーには世界や人類を本気で変えてやろうと思っている人が多くいます。「議論は止めろ。作ってしまえ」という雰囲気も好きです。ピーター（・ティール）と知り合えたのもここならでは」と語る。

「もう一つ、大きな影響を受けたのは家族です」

彼の祖父はミルトン・フリードマン。シカゴ学派を代表するマネタリストで、一九七六年にノーベル経済学賞を受賞した。ロナルド・レーガン大統領やマーガレット・サッチャー英首相の経済政策の理論的支柱となったことはつとに有名だが、その思想の根底にはリバタリアニズムがある。

ミルトン・フリードマン

一九六二年に刊行した『資本主義と自由』では撤廃すべき項目として農業補助金、関税、最低賃金、企業に対する規制、政府による電波割当、公的年金、職業免許、平時の徴兵制、住宅補助金、国立公園、有料道路などを挙げる一方、教育バウチャーや郵政民営化、負の所得税を積極的に支持した。他にも、義務教育に反対する一方、ドラッグや売春の自由化に賛同している。

そして、ミルトンの息子、すなわちパトリの父、デヴィッドはその思想をさらに先鋭化し、政府の存在そのものを認めない無政府資本主義（アナルコ・キャピタリズム）の代表的理論家となった（アナルコの語源は「支配者のいない」という意のギリシャ語）。具体的には、警察や裁判所などすべての治安サービスを民営化し、通貨の供給は公開市場における民間銀行の競合に委ねることなどを提唱している。

パトリ曰く、「祖父は新自由主義を唱え、父はそれを無政府資本主義に発展させました。自分の使命はそれを実践することにあります」。まさに筋金入りのリバタリアン一家だ。「これからお父様とお会いしますよ」と私が伝えると、「ええ。父から聞いています。私も今夜会いに行きます。週に一度、家族で食事をすることになっているので」と微笑《ほほえ》んだ。

グーグルから車で三〇分。サンノゼ市内の閑静な住宅街にある自宅に父デヴィッドを訪ねる。サンタクララ大学を退職した現在も講演で世界を飛び回っており、数日前にブラジルから戻ったという。

デヴィッド・フリードマン

デヴィッドは一九四五年生まれ。ハーバード大学では化学と物理を専攻し、シカゴ大学で理論物理学の博士号を取得した。経済学や法学はどちらも独学。しかし、一九七三年に刊行した『自由のためのメカニズム』は無政府資本主義に関する古典であり、これまで法学部や経済学部で教鞭を執ってきた。

開口一番、「市場は最初良くても次第に悪くなっていきます。しかし、政府は最初から最悪です」と辛辣《しんらつ》だ。「政府の規制や介入は市場を歪《ゆが》め、雇用やイノベーションを阻んでいます。政府が提供するサービスは非効率で、画一的で、不透明。すべて市場に委ねるべきです。政府が関与しないほうが企業の社会的貢献や市民社会の活動も活潑になるのです」。市場の創造力と調整力への信頼は揺るがない。

「この三、四〇年でリバタリアニズムはずいぶんと市民権を得たように思います。今でも「マリファナを吸いすぎて頭がおかしくなった連中」といった偏見はありますが(笑)、無政府資本主義が学術的な議論の対象になっているのを見ると隔世の感があります」と語る。

大きいのはインターネットの出現だという。「eBay(オークション)やアマゾン(ショッピングモール)、Airbnb(民泊)、Uber(ウーバー、配車)などのサービスは政府の法規制によって確保されているわけではありません。あくまでインターネットを通した利用者間の相互評価をベースに、企業が仲介役になることで自生的に成立しています」「PayPal創業者のピーター・ティールもウィキペディア(百科事典)創業者のジミー・ウェールズもリバタリアンです」。

確かに、近年のブロックチェーン(分散型ネットワーク)技術の進展は、仮想通貨からクラウドファンディングに至るまで、政府とは無縁のリバタリアン的世界をさらに拡張している。

自律・分散・協調に基づくネットワーク（水平）型のコミュニケーションを志向するインターネットは、リバタリアンの「ホームステッド」を広げ、逆に、自由を希求する彼らの欲望がインターネットの進化をさらに促してゆくのだろう。

もちろん、IT系の起業家が即リバタリアンというわけではない。

スタンフォード大学のビジネススクールは、二〇一七年春に全米六〇〇人以上のIT系起業家を対象に政治意識調査を行った。回答者の平均像は、従業員を一〇〇人抱え、ベンチャーキャピタルによる投資収益が一〇〇万ドル以上あり、年収も一〇〇万ドル以上とのこと。

そこで明らかになったのは、政府の規制緩和を求める声が強い一方、回答者の八二％が国民皆保険の導入や（年収一〇〇万ドル以上の）富裕層への増税を支持するなど、再分配の強化を求めている点だ。徴税を政府による「窃盗《せっとう》」ないし「強制労働」と見なすリバタリアンとは対照的である。

ちなみに、二〇一六年の大統領選では七五・二％がヒラリー・クリントン氏（民主党）を支持し、ドナルド・トランプ氏（共和党）の八％を凌駕《りょうが》している。ただ、平均的な民主党支持者と比べると、経済的には保守的で、かつアメリカ一国を超えた「世界市民」としての意識が高いようである。

アメリカから〝独立〟した市

シーステッドの試みは実に壮大だが、政府を極限まで小さくした自治体は実在する。最も有名なのは、南部ジョージア州の州都アトランタから車で北に三〇分ほどの距離にあるサンディスプリングス市だろう。

二〇一五年の統計（DATA USA）によると、面積は三八平方マイル（東京二三区最大の大田区の約一・六倍）、人口は約一〇万人（白人五八％、黒人一九％、ヒスパニック系一三％、アジア系六％）、平均年齢は三十五・六歳。

もともと医師や弁護士、会社経営者が多く暮らす裕福な地域だったが、納税額に見合った公共サービスを享受していないとの不満が鬱積《うっせき》していた。そこで二〇〇五年に住民投票を行い、九四％の圧倒的支持を得て、それまで属していたフルトン郡から独立（法人化）した。同州では約半世紀ぶりの新都市の誕生だった。

州から固定資産税や売上税、酒税、事業登録料、占用料などの一部が財源として与えられ、州内有数の豊かな自治体となった。平均世帯所得は年間六万四〇〇〇ドルで、一七万ドルという地区もある。平均不動産価格は四二万ドル。

注目すべきは、警察や消防以外の業務をすべて民間委託した点だ。市民課や税務課、建設課、さらには裁判所すら例外ではない。裁判長は必要に応じて時給一〇〇ドルで短期雇用されている。当初、警察や消防の民営化も検討されたが、企業に支払う保険料が高額のため断念した。

念のため付け加えておくと、独立したとはいえ、行政区分上はフルトン郡の一部であることに変わりはない。市は郡に固定資産税などを納め、市内には郡の公立図書館や公立学校、車両管理局なども存在する。

市役所には約一三〇人のスタッフがいるが、ほとんどが企業からの出向者で、市の職員はわずか九人。ラスティ・ポール市長は週に四〇時間ほど市政に携わっているが、それでも就労時間全体の六割程度で、残りは自身の会社経営に充《あ》てている。

徹底したコスト削減により、市の運営費は約半分に抑えられ、その代わりに市民から要望の強かった二四時間の民間緊急センターを設置した。市長曰く、「独立前は通報してから警官到着まで二〇分かかりましたが、今ではせいぜい五、六分です。救急搬送のスピードも上がり、例えば、心臓発作で助かる割合は、以前は一％でしたが、今では四〇％にまで改善されています」。市民の九割が公共サービスに満足しており、アメリカ国内外からの視察が絶えない。

この試みを牽引《けんいん》したのはオリバー・ポーター氏。二〇一七年秋、同氏を自宅に訪ねた。五十三歳で米最大手の電話会社AT&Tの副社長（米南部地域担当）を退任。その後、米国腎臓財団（NKF）やユナイテッドウェイなどで慈善事業に関わっていたところ、二〇〇二年に当時の女性市長から協力を求められ、住民代表として「独立運動」に関与するようになった。議員に働きかける一方、数多くの企業と民間委託の交渉を行った。

実は、同市は二〇一四年に日本の報道番組で特集されたことがある。同市の独立によりフルトン郡の税収が減少し、マイノリティが多く暮らす南部地域の貧困層を直撃している、という内容だった。南部地域には年収二万ドル台の地区も多い。

オリバー・ポーター

ポーター氏は今もその筋書きに強い憤りを覚えている。「所得の再分配を是とするリベラル派の偏見に満ちています。つまり、「富裕層が貧困層を見捨て、白人が有色人種を隔離する」というものです」。

日本ではアメリカの格差社会への関心が高く、同市の事例は「分断されるアメリカ」という構図に落とし込みやすいのだろう。歴史的に「お上」（＝政府）への依存心が高く、アメリカに比べて「民営化」へのアレルギーが強い日本の社会風土も関係しているのかもしれない。制作者側も視聴者側もそう理解するのはごく自然に思える。

しかし、ポーター氏からすると、それはやはり「偏見」なのだという。

「まず、番組は人種差別を匂《にお》わせていますが、独立へ向けた協議の過程で人種の話は皆無でした。そもそも市の人口の三割は非白人です」

「貧困層を見捨てるという描写もおかしい。市の住民には納めた税金の見返りが極端に少ないことへの不満がありました。独立後、フルトン郡は税金が一一％減収したにもかかわらず、余剰となった数百人の郡職員を誰一人解雇せず、行政規模を縮小しなかったことこそ問題なのです。番組はその点を不問に付しています。ここにもスラムはありますが、独立後、総じて彼らの生活水準は向上しています」

同市の貧困率は一二・三％（白人四四％、黒人二五％、ヒスパニック系二五％、アジア系五％）で、人口に比して黒人とヒスパニック系の割合が高いとはいえ、マイノリティに特有の現象ではない。

「私たちのような比較的豊かな地域は、行政の無駄《むだ》にも多少は耐えることができます。むしろ余裕のない貧しい地域こそ、官民連携（ＰＰＰ）を通して行政の効率化を図ることが必要です」

業者との癒着《ゆちゃく》を防止すべく、同市では公職者（市長と六人の市議）が日々の入札や人事、許認可などに口出しすることを固く禁じている。入札の透明性については市民らによる二重、三重のチェックが行われている。

ポーター氏は「私たちは財政健全度で最高評価を与えられた全米一九の都市の一つです。誕生したばかりの市としては偉業といえます。二〇〇八年のリーマンショックの後も一切増税しませんでした。借金もゼロです」と胸を張る。

ポール市長も「ここは交通の要衝ということもあり、人口比で「フォーチュン500」(『フォーチュン』誌による世界の企業番付)にランキングされた企業が最も多い都市の一つになりました。北米メルセデス・ベンツ、ユナイテッド・パーセル・サービス(UPS)、ニューヨーク証券取引所(管理部門)などが本部を置いています。現在、市の中心部で「シティ・スプリングス」という大規模開発プロジェクトが進んでいて、劇場やコンドミニアムなども建設されます。市役所もそこに移転予定です」と誇らしげだ。ジョージ・ブッシュ(子)政権下で地域計画開発局(CPD)の次官補代理を務めていたこともあり、同市を成功させることへの意気込みは強い。

ポーター氏によると、同市のような「自由都市」(free city)――「チャーターシティ」や「スタートアップシティ」などを含む――に暮らす住民は州全体で約五〇〇万人にまで増えているという。ただ、同市ほど民営化に成功している事例は国内外でも見当たらないようだ。

「政治家にとっては地元の反撥を招きやすいテーマですし、行政規模の縮小を伴う改革には公務員からの抵抗が強いことが大きい。財政破綻など深刻な危機が訪れるまで目を覚まさないのです」

ポール市長も同意見で、「アメリカには行政職の養成機関は多くありますが、旧態依然とした統治の発想に囚《とら》われています」と言う。

ポーター氏の経験則によると、自治体の民営化は人口規模が一五万人くらいまでの行政単位で最も実行しやすいそうだ。

実は、外注化という点では、カリフォルニア州のメイウッド市のほうが徹底している。ロサンゼルス市近郊に位置する同市は、人口約三万人で、ヒスパニック系が九割以上を占める。長年、財政難や汚職、治安悪化に悩まされ、政治抗争も絶えなかった。財政破綻寸前に陥った二〇一〇年、市は行政機能をすべて外注化し、職員を全員解雇する大胆な決定を下した。行政サービスはほぼ民営化され、腐敗の温床となっていた市警の職務はロサンゼルス郡の警察に委託された。

自由と市場主義を徹底した先に

ポーター氏は自らを、連邦政府に対して個人の抵抗権を重視する「立憲主義者」

(constitutionalist) と捉《とら》え、リバタリアンの考えに深く共鳴している。建国期の大統領では、連邦政府に懐疑的だったジョージ・ワシントンやトーマス・ジェファーソンを敬愛する一方、連邦政府の権限強化を唱えたジェームズ・マディソンには批判的だ。ただ、社会的にはマリファナ解禁や不法移民に反対する「保守主義者」で、同時代の大統領ではレーガンが自らの英雄だという。二〇一六年の大統領選では「経済保守・社会保守・安保保守」のテッド・クルーズ候補（連邦上院議員）を支持。トランプ大統領の政治手法には困惑しているものの、民主党にはさらに幻滅しており、二〇二〇年の大統領選ではトランプ氏の再選を期待している。

ちなみにポーター氏は、仏領ポリネシアで開催されたシーステッドの会議にも参加している。八十歳を超えた今も、中米ホンジュラスの経済特区（ZEDE）に向けたベンチャーキャピタルの立ち上げに協力している。一般的な経済特区と異なり、ZEDEではホンジュラスの法律がほとんど及ばない。一定数のホンジュラス人を雇えば、警察や裁判所の設置から税率まで進出企業が自由に決定できるという大統領直轄の大胆な構想だ。

実は、ZEDEの前身の経済特区（RED）構想にはパトリ・フリードマンも関心を示し、企業も立ち上げていたが、二〇一二年にホンジュラス最高裁がREDに違憲判決を下したため撤退している。ZEDEについては一四年に合憲と判断され、全米税制改革協議会（AT

R）会長のグローバー・ノーキストやグローバル経済成長研究所（IGEG）会長のリチャード・ラーンなど、アメリカのリバタリアン系の有力者も深く関与している。
ZEDEには地元の一部や専門家などからの反撥が強く、「新植民地主義」との批判が絶えない。サンディスプリングス市の取り組みについても、弱者を顧みない「新自由主義」との疑念の声は根強い。シーステディング研究所の試みには夢があるが、安全保障や国際政治の現実を前に、まさに夢に過ぎないと嘲《あざけ》る向きも少なくない。

そもそも、なぜリバタリアンはそこまで政府に懐疑的なのか。そして、なぜそこまで情熱的になれるのか。彼らの目に今のアメリカと世界はどう映っているのか。

自由や市場主義を徹底した先にどのような社会を描いているのか。そこに伴う負の影響をどう捉えているのか。いや、そもそも本気で実現可能と信じているのか。

そして、彼らの存在は現代のアメリカや日本に、そして世界にいかなる含意を有しているのか。ミドルクラスの没落（先進国）と勃興（途上国）。格差社会の拡大。ポピュリズム（大衆迎合主義や反エリート主義）や権威主義の擡頭《たいとう》。グローバル・トリレンマ（グローバル資本主義・国家主権・民主主義の不整合）の深化。ミレニアル世代の躍進……。こうした同時代的状況と彼らはいかにして取り結ぶことができるのか。

抱えきれないほどの問いを胸に、自由への旅を続けよう。

第2章　現代アメリカにおけるリバタリアニズムの影響力

『肩をすくめるアトラス』各国語版の表紙を写した壁掛け（アイン・ランド協会にて）

1　「デモクラシー・ギャング」から身を守れ

『のんきなジョナサンの冒険』

自由市場・最小国家・社会的寛容を重んじるリバタリアン。彼らの目に今のアメリカはどう映っているのだろうか。

政治の中心ワシントンへと急ぐ前に、各地のユニークな組織をいくつか訪れてみたい。何かと現実との妥協が求められるワシントンよりも、彼らの社会観の本質に迫りやすいかもしれないからだ。

まず向かったのはハワイ州オアフ島。NPO「リバティ・インターナショナル」のケン・スクールランド会長が面会に応じてくれた。同組織の起源は一九六九年に遡るが、八〇年代からはリバタリアニズムの海外普及活動（特に旧ソ連圏向け）に主眼を置いている。

「会長」というと物々しいが、実に気さくな方で、初対面にもかかわらず、自宅での夕食に招いてくれた。ジェラルド・フォード政権時代にはホワイトハウスの貿易交渉特別代表を務め、一九八八年と九〇年にはリバタリアン党から連邦議会（上院）選挙に出馬。現在はハワイ・パシフィック大学で教鞭を執る。中国出身の妻は少女時代を文化大革命下で過ごしただけに権威主義体制への反撥は筋金入りだ。夫妻ともに滞日経験が豊富で、日本人の知己も多い。

スクールランド氏によると、南北戦争終結（一八六五年）から第一次世界大戦開戦（一九一四年）までの約半世紀間、アメリカは自由と繁栄を最も謳歌していたという。生活水準は毎年上昇し、国民の平均収入は六倍増となった。所得税もなく、徴兵制もなく、経済活動への政府の規制は皆無に等しく、ドラッグについてもまた然りだった。民間の学校や慈善団体によって教育の機会が広く提供され、識字率も高かった。米西戦争（一八九八年）の数ヵ月間を除き、アメリカ史において最も長い不戦期間を享受した、等々。

そのアメリカが今日の窮状に陥った最大の原因は「政府権力への過信」にあるという。「腐敗や貧困を解決しようとすることは正しい。ただ、政府が管理や規制を強化するのは問題を悪化させるだけです。善意はしばしば意図せぬ害悪をもたらします。加えて、ジョン・アクトン卿（十九世紀イギリスの歴史家）が述べたように「権力は腐敗し、絶対的権力は絶対

『のんきなジョナサンの冒険』表紙

に腐敗する」のです」。

スクールランド氏を有名にしたのは一九九五年に発表した『のんきなジョナサンの冒険』（*The Adventures of Jonathan Gullible*）という政治小説。冒険好きの少年ジョナサンがヨットに乗って釣りを楽しむうちに難破し、政府が大きな権力を振るう「オショク（汚職）島」に辿《たど》り着き、すっかり困惑するという内容だ。中高生にも分かる平易な語り口で、ロシアや東欧を含め、五三の言語に訳されている（日本では、専門誌『経済セミナー』で連載された）。

例えば、家賃統制令（レントコントロール）。政府が家主の家賃値上げを制限することは、一見、入居者に恩恵をもたらすように見える。しかし、「必要経費、例えば、修理費、警備費、管理費、公共料金、税金などは値上がりしているのに、家主はそれをまかなうために家賃を値上げできない」として、結果的に住環境が劣化するという逆説を説いている。

より厄介《やっかい》なのは「デモクラシー・ギャング」の襲来だ。「相手かまわず捕まえては、仲間で投票してその人をどうするか決めるの。お金を巻き上げるとか、箱詰めにするとか、無理やりギャングの仲間に入れるとかね。やめさせたくても、どうにもできないの！」と、島で知り合った若い女がジョナサンに嘆く。

ある人が勝手に隣家からお金を盗めば罪になるが、数名で徒党を組み、法案を作り、多数決の原理に訴えれば、同じ行為が「徴税」として正当化される。徴税を政府による「窃盗」ないし「強制労働」と見なすリバタリアンの発想を想起させる一幕だ。「デモクラシー・ギャングから身を守る唯一つの方法はもっと仲間の多いほかのギャング団に入ることね」と女は言う。

冒険の最後に出会ったハゲタカがジョナサンに告げる一言が印象的だ。「人々は、命じられたとおりにしている限り、結構自分は自由だと思うものだよ。本当に自由が試されるのは、みんなと違うことをしようとするときだ。そのときは苦労するだろうが、色んなことを学べるものさ」。

リヴァイアサンではなくペンギンを

夕食には看護師のアンソニー・ヒガ氏も同席した。二〇一六年のハワイ州議会（下院）選挙にリバタリアン党から出馬し、約一三％の票を獲得した。同州が民主党の牙城であることを考えれば大健闘と言える。「もともと勝ち目はありませんでしたが、二大政党に幻滅した有権者に第三の選択肢を与えることは大切だと思い立候補しました」。

ヒガ氏自身はマリファナを吸わないが、解禁を訴えるのはそうした信念からだという。「病院で働いていると治療法や薬品に関する政府の規制が山ほどあり、かえって患者の利益が蝕《むしば》まれていると実感します」「薬物依存は生理学的な問題であって、共和党が主張する厳罰化や、民主党が主張する規制強化では解決できません。第一次世界大戦後に施行された禁酒法（一九三三年廃止）が「闇市場」を助長し、犯罪の温床となった逆説を思い出すべきです。薬物やアルコールが原因で暴力を振るう人は、あくまでその個人の自己責任として罰せられるべきなのです」と語る。現在、ハワイ州を含む三三州（とワシントンD.C.）で医療用マリファナは合法化されている。

帰路、車がホノルル空港近くを通った際、「あの空港のインフラは今でも「昭和」のままですね」と軽口を叩《たた》くと、ヒガ氏は「まさに民主党の一党支配の弊害です。利害が複雑に絡《から》んでいて、あるべき民間の競争が阻まれているのです」と即答した。「次の選挙も出馬するのですか」と尋ねると、「いや、前回の選挙で借金を背負ったので……。将来はベンチャー投資家として若い人の想像力を支援するのが夢です」と語り、最後は「アロハ！」と明るく見送ってくれた。

スクールランド氏やヒガ氏の話を聞きながら頭をよぎったのは、「ペンギンとリヴァイアサン」というユニークな副題（英文原著では表題）を付した法学者ヨハイ・ベンクラー（ハーバード大学教授）の『協力がつくる社会』（二〇一三年）だ。

「ペンギン」とはオープンソースのOSとして有名なリナックスのマスコットで、要するに「自発的に協力する存在」としての人間を指す。かたや「リヴァイアサン」とは旧約聖書に出てくる巨大な海の魔獣《まじゅう》で、要するに「私利私欲に満ちた存在」としての人間を指す。人を動かす常套《じょうとう》手段といえば「アメと鞭《むち》」が有名だが、「アメ」も「鞭」も「リヴァイアサン」的な性悪説に依拠している点では同じだ。

ネットワーク研究の分野では、社会科学や自然科学の知見を援用しつつ、二〇年ほど前から共感や協調のメカニズムの解明が進んでいるが、著者はナイーブな性善説を退けつつ、「リヴァイアサン」だけでは組織や社会の運営に限界があると指摘。これからは「ペンギン」的な関係性がますます重要になってくるとして、ウィキペディアのようなオンライン上の自発的な協働プラットフォームや、著作権を保持しつつも作品の自由な流通を認めるクリエイティブ・コモンズ・ライセンス、警察や住民、自治体の連携を通した防犯活動であるコミュニティ・ポリシング、登録を行った会員間で特定の自動車を共同使用するカーシェアリングなどを例に挙げている。

リバタリアンに共通するのは、政府こそ「リヴァイアサン」的な発想の権化であり、もっと「ペンギン」としての個人の良心や創造力を信じるべきだという視点である。それは個人の権利と自生的な秩序を尊重し、政府の役割はあくまで自由を守るためだけの限定的なものに留めることを意味する。

スクールランド氏の小説の最後でハゲタカはこう続ける。「自由の国では、道徳的美点やそれを発見する過程が尊ばれる。たくさんの人間それぞれが自分なりの目標を目指し、それぞれが努力する方が、代わってほかの誰かに考えてもらうよりずっと良い世界を作り出せるはずだ。まず方法が肝心なのさ」。

他者の自由を侵害しない範囲において、個人が自らの道徳律に従い、自らの生を全うすること。それは、政府はもちろん、何かしらの同調を求める集合的価値観からの自由を意味する。社会主義や共産主義はもちろん、ナショナリズム、レイシズム、ポピュリズムなどがそこには含まれる。

アイン・ランドとは何者か

その極めて個人主義的な「方法」を模索し、リバタリアニズムに多大な影響を与えた一人がアイン・ランドである。

一九〇五年にロシア・サンクトペテルブルクの裕福な家庭に生まれ、ロシア革命を経て、レニングラード大学卒業後の二六年にシカゴの親戚を頼って渡米。ハリウッドでエキストラや脚本の仕事をしながら糊口《ここう》をしのぎ、三一年にアメリカに帰化した。五年後、革命後のロシアを舞台にした半自伝的な初の小説『われら生きるもの』を刊行するものの、評判は今ひとつ。しかし、四三年に発表した、建築家フランク・ロイド・ライトをモデルにした思想小説『水源』がベストセラーとなり、映画化もされた（ゲーリー・クーパー主演の『摩天楼《まてんろう》』）。

この頃から反共思想を深める一方、ランドは社会主義に対する資本主義の道徳的優越性を唱えるべく、五七年に思想小説『肩をすくめるアトラス』を出版。一〇〇〇頁を超える長編にもかかわらず、国際的なベストセラーとなり、作家としての地位をゆるぎないものにした。自由市場を信奉した連邦準備制度理事会（FRB）のアラン・グリーンスパン元議長らとの親交は有名だ。

通常、私たちは「市民のために」という観点から政治や社会を語るが、ランドはその逆。アメリカの実業家や科学者、芸術家の優れた才能や努力が寄生的な「市民のせいで」蝕まれていると批判する。「アトラス」とはギリシャ神話に登場する、天球を両肩で支える巨人を指す。巨人が肩をすくめたら世界はどうなるのか……。

もちろん大衆社会批判の類《たぐい》なら珍しくない。ランドが異色なのは市民の代表たる「政府」を徹底して敵視している点だ。そして、この点がリバタリアンの心性と重なり合う。リバタ

アイン・ランド
出所：The Ayn Rand Institute

リアン党の創設者デヴィッド・ノーランは「ランドなしにリバタリアン運動は存在しなかっただろう」と述懐している。

政府の積極的な介入を是とするリベラル派の知識人やメディアからランドは異端視された。また、人工妊娠中絶を擁護し、神の存在を否定したランドの言動は宗教保守派の神経を逆なでした。

しかし、個人主義・合理主義・資本主義を融合した「オブジェクティビズム」（客観主義）の思想を紡ぎだし、小説を通して表現し、自ら実践し続けた姿は、世代を超えて市井《しせい》の人々の共感を得ている。「独立独行」や「叩き上げ」を重んじるアメリカの社会風土とも通じる。

事実、読書好きのアメリカ人と話していると、「私のアイン・ランド・モーメント」（my Ayn Rand moment）といった表現をたまに耳にする。誰しも若い頃にはランドの作品の主人公のように、強靭《きょうじん》な意志を持って自らの才能を極め、自己実現してゆく生き方に憧《あこが》れる時期があるという意味だ。友人や教師から紹介されたランドの著書を通してリバタリアニズムに関心を持ったと語る人は少なくない。

政治の世界でも、「小さな政府」を志向する「保守主義者」の証しであるかのごとく、クラレンス・トーマス最高裁判事、ポール・ライアン前下院議長、レックス・ティラーソン前国務長官、マイク・ポンペオ国務長官、そしてドナルド・トランプ大統領など、保守系の有力者がランドの愛読者であると公言している。日本の文壇や論壇ではなかなか見当たらない存在のように思える。

トランプ大統領も愛読？

ロサンゼルス市近郊のアーバイン市にある、ランドの思想の研究・伝播《でんぱ》を目的とする「アイン・ランド協会」（ARI）を訪ねた。ランドの遺産相続人レナード・ピーコフによってランド没後三年の一九八五年に創設されたNPOだ。

スタッフは約五〇人いるが、うち一〇人ほどは他地域で在宅勤務している。財源は主に寄付で、年間予算は約一〇〇〇万ドル。学校への書籍の寄贈、エッセイコンテスト、オンライン講座、講演会、研修など多彩なプログラムを展開。学生向けの夏季研修には約一〇〇人、オンライン講座（三年間）には毎年二〇人が選抜される（参加者の国籍は不問）。会員制度などは設けておらず、参加費や受講料はすべて無料だ。加えて、日本を含む約八〇ヵ国に有志組織が存在し、書籍やノート、バッグなど関連グッズの提供や財政支援を行っている。

約100人が選抜されるアイン・ランド協会の夏季研修
出所：Jay Sonata Photography

講座を担当するアーロン・スミス氏はジョンズ・ホプキンズ大学で哲学の博士号を取得しているが、哲学の世界ではランドは完全に異端で、ほとんど「ヒトラー」のような扱いだとのこと。

「ランドはアリストテレスやニーチェを愛読しましたが、哲学の正規の教育を受けたわけではないので、小説家、随筆家、あるいは批評家と見られています。大学の授業では「利己主義」に関する参考文献で見かける程度でしょうか。若手の教員ならテニュア（終身在職権）を得るまではランドのファンだと公言しないほうがいいです。少なくとも私はしませんでした」

とりわけランドが「倫理的な利他主義」を批判し、「合理的な利己主義」を擁護した点に反撥が多いようだ。「通常、利己主義は公共哲学の枠組みのなかで論じられるのですが、ランドは公共的善や市民的美徳のような集合的価値そのものを否定しました。個人が合理的判断を貫くことを崇高と考えたのです」。

確かにランドは「○○主義」や「○○運動」といったイデオロギーに導かれた思考態度を拒絶した。教条主義ないしそれに伴う集合的熱狂は理性的判断を攪乱《かくらん》すると考えたからである。

「ランドは自らをリバタリアンとは見なしませんでした。そういう集合的カテゴリーに括《くく》られることを嫌ったのです。とりわけ「無政府主義」というイデオロギーに陶酔しているリバタリアンのことは軽蔑《けいべつ》さえしていました。憲法によって権力が制限され、不可欠な機能を果たしている政府であれば、その権限を容認していました。社会保障制度すら擁護していたほどです」

無論、ランド自身、彼女の生きた時代や社会の制約から自由だったわけではなかろう。人間は誰しも構造的・イデオロギー的な制約のなかで意味を紡ぎ、生を織りなしている。

しかし、そのなかにあって、ランドはあくまで主体的な実存を追求した。ランド本人がリバタリアンであることを否定したとしても、その頑強な個人主義がリバタリアニズムに影響を与えたことは確かである。そして、それゆえに、協会がリバタリアン系の組織から協力を求められることも多いという。

しかし、協会側の対応はあくまで慎重だ。「ランドは原理原則を共有しない相手との協力を戒めていました。リバタリアンといっても内実はさまざまなので、あくまでケース・バイ・ケースで対応することにしています」。ランドの思想のより柔軟な解釈と実践を求める「オープン・オブジェクティビズム」を唱える一派もいるが、協会側は距離を置いている。「ランドはそうした妥協を敗北主義と見なしたはずです」とのこと。

この厳格な態度からするとトランプ大統領はどう見えるのだろう。

「トランプは『水源』を愛読していると公言していますが、最後まで読んだかどうかは疑わしい。協会内にはトランプ支持者は皆無に近いです。彼自身、典型的なポピュリストですし、集合的な「トランプ旋風」は懐疑的で危険だとさえ我々は思ってきました。当選直後には同僚が「独裁制への小さな一歩」（"One Small Step for Dictatorship"）という論考を協会のホームページに投稿したほどです。独裁的指導者を求めたアメリカの大衆を批判する内容です」とスミス氏は答えた（第4章2節参照）。

慈悲深いリバタリアン？

リバタリアンは総じて軍事介入に懐疑的だ。政府の権限や防衛費が肥大化することによって市民的自由が犠牲になる、あるいはアメリカの介入が対抗勢力の介入を招きかえって問題が泥沼化する、といった懸念からである。

軍事同盟についても消極的な発言を耳にすることが少なくない。筋金入りのリバタリアンとして知られるロン・ポール氏（元連邦下院議員）は共和党内における反イラク戦争の急先鋒であり、在日米軍を含む海外駐留米軍の撤退を訴えたほどだ。

確かに初代大統領ジョージ・ワシントンは「優れた外交方針は、諸外国との通商や貿易を広げながら、できる限り政治的なつながりを持たないことである」と述べ、第三代大統領トーマス・ジェファーソンは「すべての外国と平和、通商、信頼し合う友好関係を保ち、他国の問題に巻き込まれるような同盟関係を、どの国とも結ばない」と述べた。ポール氏の姿勢は「建国の父」たちの理念に驚くほど忠実だとも言える。

ランド自身は外交・安全保障に関してさほど具体的な主張をしたわけではないが、政治的に自由な国家による自己防衛の手段としての軍隊を支持した。協会ではオブジェクティビズムの見地から外交・安保研究にも注力している。

政策研究部長を務める外交専門家のエラン・ジョルノ氏に話を伺った。イスラエル生まれのイギリス育ち。スミス氏同様、無神論者である。同氏によると、

・地球温暖化に関する科学データは重視する。事実と現実は直視すべきだ。その反面、イデオロギーとしての環境主義には（非科学的な面も多いため）与《くみ》することはしない。
・ポール氏のような孤立主義もネオコン（安保タカ派）のような介入主義もイデオロギーに引っ張られており、「合理的な利己主義」とは相容れない。イラク戦争はこの点で誤りだった。
・環太平洋パートナーシップ協定（TPP）や北米自由貿易協定（NAFTA）は総じて自由貿易に資するものなので支持する。ポール氏はこれらの協定が実質的には一部の多国籍企業による管理貿易協定だとして反対しているが、それを実証するデータは少ない。
・トランプ大統領は移民政策にせよ通商政策にせよ排外的・閉鎖的で問題。特定の企業を名指しで批判することは不当な政治介入。
・同盟関係は重要。ただし、あくまで政治的に自由な日本や韓国、イスラエルなどに限定されるべきで、サウジアラビアのような権威主義体制との同盟関係は誤り。
・国連は自由社会のための組織であるべきだが、実際は政治的に自由ではない国家も多数加盟しており問題。
・北朝鮮が核・ミサイルでアメリカの自由を侵害することがあれば、軍事的オプションも排除すべきではない。

とのこと。あくまで同氏の私見だが、同じリバタリアンといってもポール氏とは大きく異なる。自由市場・最小国家・社会的寛容を重んじる姿勢を共有していても、その解釈には相当の幅があるということだ。

例えば、リバタリアンのなかには「慈悲深いリバタリアン」(bleeding heart libertarian)を自負する一派がいる。彼らは政府の介入や再分配には否定的だが、貧困問題などには深い危機感を抱いている。

サンディエゴ市で会った政治哲学者のマット・ズオリンスキー氏(サンディエゴ大学教授)もその一人。「経済格差そのものは悪いことではありません」と前置きしたうえで、「貧困や恐怖からの自由は個人の基本的権利です」とし、ベーシック・インカム(最低限所得保障制度)の導入にも理解を示す。「政府の福祉事業は画一的で選択肢も少なく、需給のミスマッチが目立ちます。競争もないため、既得権益が優先され、結果的にコスト高になります。それならいっそ一律に最低限所得を保障し、その使い方は個人の裁量に委ねたほうが賢明です」と語る。

当然、他のリバタリアンからは反撥もある。曰く、「既存の福祉事業を削減・廃止することは政治的に難しい。ベーシック・インカムまで導入すると、アメリカはほぼ完全に社会主義国家になる」「慈悲深いリバタリアン」などと言わなくとも、リバタリアンは元から慈悲深い」等々。

ズオリンスキー氏自身も「貧困問題の一因は政府の規制の多さと硬直性にあります。働く意志があるにもかかわらず市場から排除され、BOPビジネス（低所得者向けビジネス）や市民社会の活動が阻まれるなど弊害が実に大きい」と認める。

リバタリアンのなかには、企業が大きくなると政府との癒着が深まり、市場における自由競争が阻害されると懸念する声もある。

例えば、法哲学者のゲーリー・シャルティエ氏（ラ・シエラ大学教授）らは、国家と一部の特権的な企業・資本家が結託した資本主義が貧困や環境破壊などを引き起こしていると批判し、「資本主義ではない市場」（markets not capitalism）を提唱している。

一見、社会主義者の主張のようにも聞こえるが、政府の関与を否定している点で決定的に異なる。私的所有権を認めない左翼のアナーキズム（無政府主義）とも異なる。かといって、右翼のアナーキズムは民族主義の要素を持つのでやはり異なる。前章で紹介したデヴィッド・フリードマン氏らに代表される無政府資本主義（アナルコ・キャピタリズム）により近いが、「資本主義」は否定するわけである。シャルティエ氏らは「市場無政府主義」（market anarchism）と称しているが、どうだろう。空想的市場主義などと表現すると怒られそうな気もする。

ズオリンスキー氏は「IBMやマイクロソフトが市場を席捲《せっけん》した時代は去り、今ではグーグルやアップル、フェイスブック、アマゾンに取って代わられています。流動性がある点で市場は政府より遥かに健全です」と資本主義を擁護する。

要するに、リバタリアンといっても内実は既存のイデオロギー分類では上手く整理できないほど多様だということだ。自由市場・最小国家・社会的寛容を通奏低音としつつも、個々人がそれぞれにリバタリアニズムを解釈している。

ところで、ズオリンスキー氏も学部生時代に「アイン・ランド・モーメント」を経験したという。その同氏から「アーバインからロサンゼルスに向かうなら、途中でチャップマン大学に寄るといいですよ」と勧められた。西海岸の有力私立大学の一つで、映像メディアやビジネスの分野に強い。

言われた通りに同大学に寄り、構内を散策してみる。するとと出くわしたのはロナルド・レーガン元大統領とマーガレット・サッチャー元英首相の銅像。さらにアダム・スミスとミルトン・フリードマンの像まで。

そして何と、アイン・ランドも！

2 「私、鉛筆は」……

リーズン財団

アイン・ランドの影響を受けた一人にロバート・プール氏がいる。マサチューセッツ工科大学（MIT）で工学を専攻していた一九六〇年代にランドの思想に傾倒、七八年に自由市場・最小国家・社会的寛容を重んじるリバタリアン系の有力シンクタンク「リーズン財団」（Reason Foundation）を設立した。「民営化」（privatization）という言葉を生み出したことでも知られ、八〇年に刊行した『市役所を縮減する』（*Cutting Back City Hall*　未邦訳）はロナルド・レーガン政権のみならず、イギリスのマーガレット・サッチャー政権の規制緩和・民営化政策にも大きな影響を与えた。

早速、ロサンゼルス国際空港から車で一五分ほどの距離にある同財団を訪れる。プール氏

リーズン財団の外観

がとりわけ航空管制システムの民営化に注力してきたことを象徴する立地だ。

今回、プール氏は出張中のため不在だったが、同氏の後任として二〇〇一年から理事長を務めるデヴィッド・ノット氏と面会することができた。以前はワシントン郊外のジョージ・メイソン大学にある有名な「人文学研究所」（ＩＨＳ）の所長の職にあった。より政策志向が強い同大の「マルカタスセンター」（マルカタスはマーケットのラテン語）とともに、大富豪コーク兄弟の影響が強いとされるリバタリアン系の機関である。

「私はスタンフォード大学卒でコーク兄弟はＭＩＴ卒ですが、ともに工学出身なので波長が合い、懇意にしています。リベラル系のメディアがいつもコーク兄弟に関する陰謀論を煽《あお》っていますが、実に知的で、人間味に溢《あふ》れた兄弟です」

確かにコーク兄弟は毀誉褒貶《きよほうへん》が激しい。二〇一六年には『ニューヨーカー』誌の記者ジェイン・メイヤー氏が『ダーク・マネー』を刊行。同兄弟がメディアから大学、シンクタンク、慈善団体までを巻き込んだ

「コクトパス」と呼ばれるネットワークを作り上げ、政治を私物化しているさまを徹底取材し、全米ベストセラーとなった。インターネット上には全米の大学からコーク兄弟の影響を排除するよう呼びかける「私の大学を脱コーク化して」（UnKoch My Campus）というサイトすら存在する。

ちなみに、兄チャールズは二〇一六年七月の『フォーチュン』誌のインタビューで、ヒラリー・クリントン氏（民主党）とドナルド・トランプ氏（共和党）が争う大統領選を「癌《がん》か心臓発作のどちらかを選ぶようなもの」と切り捨てた。かたやトランプ氏は、コーク兄弟の資金に群がる他の共和党候補者を「操り人形」とこき下ろした。

しかし、政治の世界は分からない。カンザス州のコーク一族の地元選出の下院議員で、コーク兄弟も支援した保守派の草の根運動「ティーパーティ」（茶会）の申し子とも言えるマイク・ポンペオ氏が、そのトランプ氏によって中央情報局（ＣＩＡ）長官、さらには国務長官に抜擢《ばってき》されるのだから……。

「私自身はリバタリアン党に投票することが多く、二〇一六年に同党の大統領選候補だったゲーリー・ジョンソン（元ニューメキシコ州知事）とは長年の友人です。選挙後、最初に彼と話をしたのも私です」とノット氏は語る。

財団のスタッフは約七〇人。うち一五人が本部ロサンゼルスにいる。主な活動は月刊誌

『リーズン』、動画チャンネル、ブログなどを通した情報発信だ。

財団によると、二〇一五年の時点で、月刊誌の購読者は約五万人、うち男性が九〇％、平均年齢は五十歳、既婚者が六六％、学歴は四年制大卒以上が七七％、世帯年収では一〇万ドル以上が五三％、二五万ドル以上が一二％、総資産一〇〇万ドル以上が二七％とのこと。

ウェブサイトへの月間アクセス数は約四〇〇万で、うち男性が八〇％、平均年齢は三十九歳、大卒以上が五四％、大学院卒が二五％、世帯年収では五万ドル以上が六〇％、一〇万ドル以上が二六％、支持政党では無党派が五四％、共和党が二八％、民主党が一八％となっている。

リーズン財団本部にて，スタッフと

動画チャンネルを担当している女性スタッフは保守系の放送局「FOXニュース」で働いていたが、テレビ業界に将来性を感じることができず転職してきたという。「リバタリアンというと「裕福な白人男性」というイメージがありますが、若い世代はもっと多様です。経済的には保守、社会的にはリベラルという若い世代の価値観はリバタリアンと合致するのでアプローチしやすいです」とのこと。「活字よりも映像が好きな世代なので、ゲーム形式にする、コメディアンをキャスティングするなど、エンターテインメント色を強くしています。動画の長さは五～七分程度に収めていて、再生回数が二〇〇万回を超えるものもあります」。次世代を意識した普及戦略にも余念がない。

ミーゼス研究所

ランドと縁の深いリバタリアンの一人として、オーストリア学派を代表する経済学者ルートヴィッヒ・フォン・ミーゼスも外せない。ミーゼスはナチスの迫害を逃れ、一九四〇年にニューヨークに亡命移住。そこでランドと親交を深めた。

南部アラバマ州オーバーンにはミーゼスの名前を冠した研究所がある。アトランタから車で一時間半。研究所の前にはカレッジ・フットボールの強豪校オーバーン大学の広大なキャンパスが広がる。

新古典派やシカゴ学派同様、オーストリア学派も市場経済を支持する。しかし、新古典派とは異なり、政府の市場介入を否定する。その点はシカゴ学派と同じだが、同学派とは異なり、市場が長期的には均衡して資源の効率的配分を達成するとは考えない。むしろ市場が不完全だからこそ、より自由な市場経済を求める。

それにしても、一体なぜ、アラバマの片田舎にミーゼス研究所があるのだろう。上席研究員のマーク・ソーントン氏によると、「理事の一人がオーバーン大学の理事を兼務していた縁で、同大がビジネスの博士課程を設立した際に付設されたのが始まりです。同課程は後に廃止され、研究所は一九九八年に今の場所に移転しました。ワシントン（＝連邦政府）に懐疑的なアメリカ南部の風土も我々には合っています」とのこと。

ただ、話はもう少し複雑だ。

研究所が設立されたのは一九八二年だが、その前年、ミーゼスの弟子マレー・ロスバードがコーク兄弟の兄チャールズの介入によってリバタリアン系の代表的シンクタンク「ケイトー研究所」の理事を解任された。同兄弟の弟デヴィッドが八〇年の大統領選にリバタリアン党の副大統領候補として立候補した際、ロスバードがその公約を批判したのが契機とされる。同兄弟の高圧的な態度に抗うロスバードに同調した一派——ミーゼス夫人も含む——が新たな研究所を立ち上げたというわけだ。

「我々はコーク兄弟から寄付を受けていない稀有《けう》なリバタリアン系組織です。ただ、ケイトー研究所と敵対しているわけではありません。彼らはより政策志向で現実志向。オーストリア経済学の理論研究中心の我々とは役割が異なるだけです」

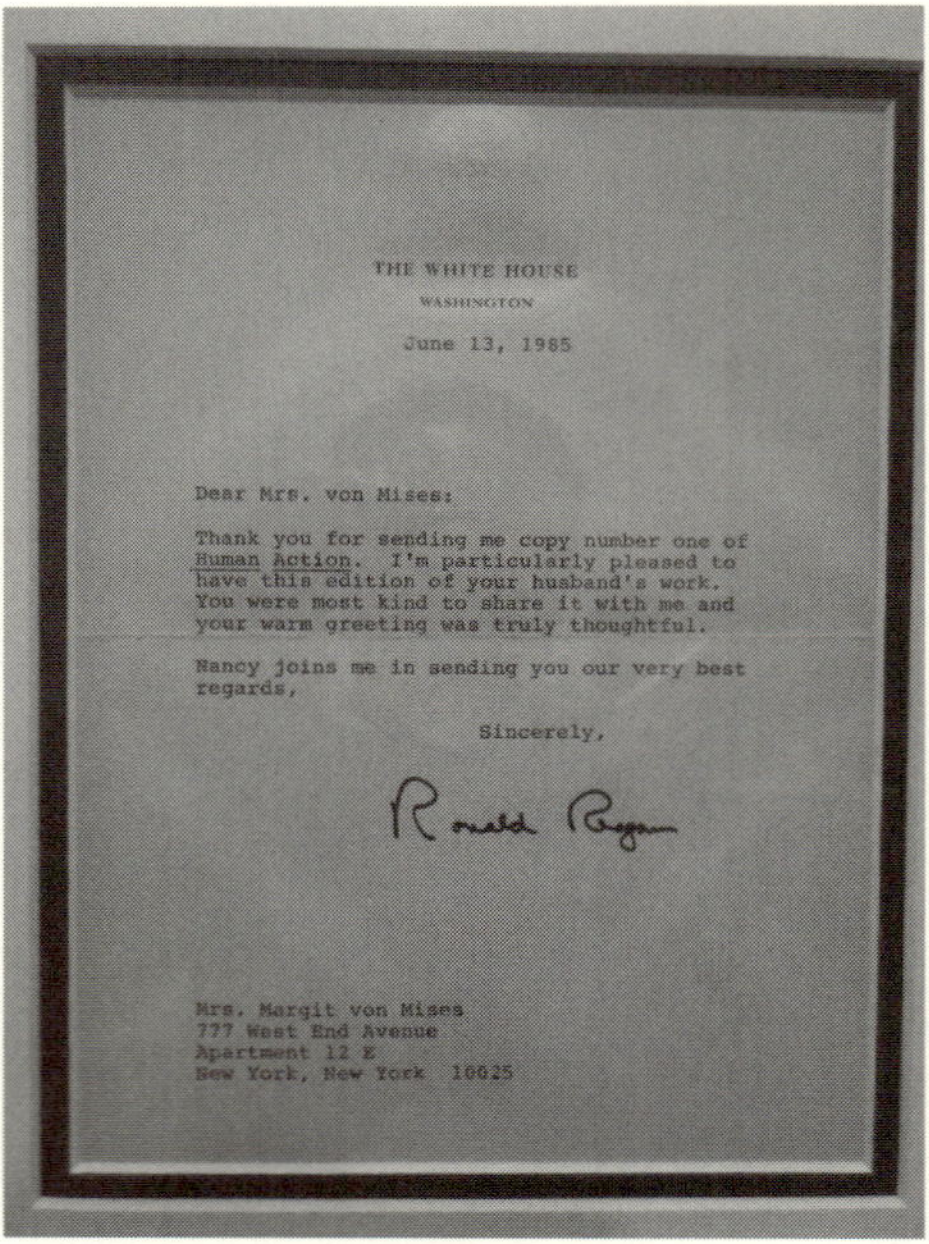
THE WHITE HOUSE
WASHINGTON

June 13, 1985

Dear Mrs. von Mises:

Thank you for sending me copy number one of Human Action. I'm particularly pleased to have this edition of your husband's work. You were most kind to share it with me and your warm greeting was truly thoughtful.

Nancy joins me in sending you our very best regards,

Sincerely,

Ronald Reagan

Mrs. Margit von Mises
777 West End Avenue
Apartment 12 E
New York, New York 10025

レーガン大統領の礼状が飾られている

研究所にはミーゼスのコレクションの一部に加え、相続人がいなかったロスバードのコレクションがそのまま寄贈されている。ミーゼスの代表作『ヒューマン・アクション』の英語初版（一九四九年）を八五年にレーガン大統領に謹呈した際の礼状もある。講演や研修のための施設も充実しており、内装も華やか。収録スタジオはまるで放送局のようだ。

ミーゼスの弟子にはノーベル経済学賞を受賞（一九七四年）したフリードリヒ・ハイエクがいるが、ハイエクが時に政府の市場介入を容認する姿勢を見せたのに対し、ロスバードは「いかなる介入も最終的には社会主義に通ずる」というミーゼスの思想をさらに先鋭化。政府の存在そのものを認めない「無政府資本主義」(アナルコ・キャピタリズム)という言葉を造った。対外的には非干渉主義の立場から「外交政策」という概念すら退けた。

ソーントン氏曰く、ミーゼス研究所の中心課題は「自由市場、私有財産、健全通貨、平和」の四つであり、とりわけ健全通貨、すなわち連邦準備制度(Fed)の解体と金本位制への回帰を重視している。

「ロン・ポール(元連邦下院議員)がオーストリア経済学に開眼した契機はニクソン政権による金本位制の停止でした。私の場合は七〇年代のスタグフレーションや八〇年代のバブル崩壊です。今の若い世代なら二〇〇八年のリーマンショックでしょうか。雇用不安や学費高騰は彼らにとって切実な問題ですから」

「現在、全米、全世界にオーストリア学派の研究者がいて、主だった経済学会には専門部会まで存在します。我々と直接の関係はありませんが、ミーゼスの名前を冠した研究所も世界各地に二〇以上できています。我々のプログラムに参加した学生を企業も積極的に採用してくれているようです。私が学生だった三〇年前とは隔世の感があります。リバタリアニズムはアメリカ最古の思想ですが、今、最も成長著しい思想でもあります」

ジェフ・ディースト所長の認識も同じだ。十代の頃、父親の書棚にあったハイエクの『隷《れい》属《ぞく》への道』(一九四四年)を読み、リバタリアニズムに心酔。大学生だった八八年にポール氏

ジェフ・ディースト所長とロスバードの胸像

の大統領選を手伝って以来、二〇一三年に同氏が引退するまで、長年、スピーチライターや首席補佐官などを務めた。

「今の若者は民主党と共和党の両方に失望しています。トランプが共和党を破壊したことも大きい。そうした若者がサンダース流の「民主社会主義」に流れないようにしなければなりません」

「マリファナを解禁する州や、労働組合への加入を任意で判断できる労働権法（Right-to-Work Law）を導入する州が増加するなど、歓迎すべき動きはありますが、アメリカは社会のあらゆる領域が「連邦化」（federalized）してしまっています。もう一度大きな金融危機が起きれば、人びとは今の制度の問題に気づくはずです。政府が通貨の発行や流通を独占すれば、資本資源が誤配分され、市場は歪みます。政府が経済や社会を管理できるというのは傲《ごう》慢《まん》なのです」

「ロン・ポールの次の世代の政治家では、ジャスティン・アマシュやトーマス・マシー、マーク・サンフォードなどの下院議員、マイク・リーやランド・ポール（ロン・ポールの息子）などの上院議員あたりが有望です。下院議員から米行政管理予算局（OMB）長官に転じたミック・マルバニーも頼もしい（のちに大統領首席補佐官代行に抜擢）。トランプ批判の急先鋒だったジェフ・フレーク（上院議員）が政界引退を発表したことは本当に残念です」

リバタリアンは「非寛容」？

ところで、ミーゼス研究所では確認しておきたいことがあった。公民権擁護のNPOとして知られる南部貧困法律センター（SPLC）が同研究所を、「ヘイト団体」とまでは認定しないものの、「新南部連合派」（neo-Confederate）の疑いがあると指摘している点だ。同派は言うまでもなく、南北戦争の際に奴隷制維持を求めた南部連合（南軍）に由来しており、アメリカでは白人至上主義者やネオナチと似た意味合いを持つ。

「SPLCは過激な左派（radical left）です。南北戦争の際に北部（＝連邦派）が南部（＝州権派）を強制的に中央政府の支配下に置こうとした点を我々が批判しているので警戒しているのでしょう。しかし、我々は移民の入国制限や人種差別には明確に反対しています」

これはミーゼス研究所のみならず、リバタリアン全般によく見られる見解である。彼らの関心はあくまで「統治のあり方」にあるのであって、人種とは関係ないというわけだ。

ただ、リバタリアンの立場はもう少しきわどい。自己所有権の見地から、成人間の合意に基づく自由な身体の売買――売春や自己奴隷化契約、臓器売買など――を容認する傾向にあるからだ（もちろん、アメリカ史における奴隷制は強制性に基づく人権侵害として否定している）。

さらには公民権の拡大や移民の受け入れについても、連邦政府が主導することには批判的な声が多い。「政府による国境管理は個人の移動の自由を制限するものですから、我々は不法移民を容認しています。しかし、彼らの福祉のために政府が税金を投じることには反対しています。こうした姿勢が「非寛容」という印象を与えているのかもしれません」とディースト氏は語る。アメリカのリベラル派の間では「福祉の削減」＝「隠れた人種差別」と見なす風潮が強い。

同様に、知能検査やゲノム解析などについてもしばしば「人種」と結びつけられて論じられる傾向にあるため、リベラル派は警戒している。例えば、ハーバード大学の学生団体が二〇〇七年秋に『階級「断絶」社会アメリカ』（二〇一二年）や『ベルカーブ』（*The Bell Curve*、一九九四年、共著、未邦訳）の著者でリバタリアンの政治学者チャールズ・マレー（アメリカン・エンタープライズ研究所名誉所員）を講演に招いた際には、会場周辺で抗議デモが開かれ、全米のメディアによって報じられた。同氏の論考がかつての優生学を想起させる疑似科学であるからというのが反対派の掲げる理由で、ＳＰＬＣは同氏を「白人至上主義者」と認定している。

リバタリアニズムが「裕福な白人男性」のイデオロギーだというイメージも「人種差別」と結びつきやすいのだろう。もっとも、ディースト氏によれば「それは誤解です。富裕層は現状維持を好むので、リバタリアンよりむしろ保守派が多い。コーク兄弟などは例外です」とのこと。リバタリアンゆえの不自由さもいろいろあるようだ。

経済教育財団のオフィス

経済教育財団

アトランタに戻り、訪れたのは全米最古のリバタリアン系のシンクタンク「経済教育財団」（FEE）。全米商工会議所のロサンゼルス支部長だったレオナード・リードを中心に一九四六年に設立された。直接の契機はフランクリン・ルーズヴェルト大統領が大恐慌（一九二九年）克服のために推進したニューディール政策への反撥だった。

同政策は、自由放任が人びとを不自由にしているとし、政府による介入を自由への「手段」であると正当化した。アメリカ型の社会民主主義ないし福祉国家の発想だ。その根底には政府が経済や社会を合理的に設計・管理し得るという社会工学的発想への信頼があった。ランドやミーゼスの著作に親しんでいたリードにとって、それは傲慢であり、誤謬《ごびゅう》であり、頽廃《たいはい》であった。

同財団にはミーゼスやハイエクに加え、ミルトン・フリードマン、ヘンリー・ハズリット（経済ジャーナリスト）、ジェームズ・ブキャナン（公共選択論を提唱したノーベル賞経済学者）、ウィリアム・バックリー（保守論壇の重鎮）など錚々《そうそう》たる顔ぶれが集った。ハイエクは同財団をモデルに、共産主義や計画経済に抗う自由主義者の国際会議「モンペルラン協会」（MPS）を四七年にスイスで開催した。

リードには「私、鉛筆は」（"I, Pencil"）と題する有名な、短いエッセイがある。一本の鉛筆を語り手として、原料の採掘から工場の清掃、製品の運搬にいたるまで、途方もなく複雑多岐にわたる工程が関係していることを伝える内容だ。一つ一つの工程が長い歳月をかけて培われた創意工夫の賜物《たまもの》であり、それらを上手く組み合わせることはほとんど神業に近い。それを可能にしたのは自由な市場であり、政府ではない。

鉛筆すら作れない政府がなぜ経済や社会を設計・管理できるというのか。ハイエクの言う「見せかけの知」（＝知の驕《おご》り）を想起させるこのエッセイは、一九五八年の刊行以来、リバタリアンにとっての古典となっている。それはまた、社会主義、集産主義、中央集権主義、国家主義、全体主義、介入主義などへの戒めでもある。

「リバタリアン」という言葉が今日的な意味で広く用いられるようになったのも五〇年代だ。アメリカでは建国以来、自由主義、とりわけ政府による介入を自由への「障壁」と見なす考え方が主流だった。ヨーロッパ流の保守主義（国王や貴族などによる身分制社会を是とする立場）や社会主義（巨大な政府機構による平等社会を是とする立場）を否定し、政治的・経済的に自由な市民（デモス）による統治を国是としてきた。しかし、先述の通り、三〇年代以降、自由をめぐる政府の役割認識が逆転し、「大きな政府」を容認する進歩派が「リベラル」と称されるようになった。そこでアメリカ本来の自由主義を取り戻そうする一派が辿り着いた言葉が「リバタリアン」だというわけである。

「リベラル」への対抗概念として「保守」という選択肢もあり得たが、当時のアメリカではそれは蔑称に近かった。五三年にラッセル・カークが『保守主義の精神』を刊行したものの、経済学への言及に乏しく、かつエドマンド・バーク流の伝統主義が重視される一方、デヴィッド・ヒューム、アダム・スミス、トーマス・ジェファーソン、トーマス・ペインらの自由主義が軽視されるなど、リバタリアンの間では不評だった。加えて、イギリスでは「保守」は旧王党派のトーリー党を連想させることが多く、リバタリアンが描く自由主義とは相容れないものだった。

もっとも、「リバタリアン」という言葉に違和感を抱く者も少なくなかった。自分たちこそはアメリカ元来の正統なリベラル＝自由主義者というわけだ。彼らはむしろ「古典的リベラル」（古典的自由主義者、classical liberal）という呼称を好んだ。リード自身は、呼称に拘泥《こうでい》するあまり呼称そのものがドグマ化し、自由な思考を妨げる弊害を懸念していたようである。

同財団では理事長のローレンス・リード氏（創設者のリードとは無関係）と最高執行責任者（COO）のリチャード・ローレンク氏が応対してくれた。オフィス内は「鉛筆」が装飾に使われ、ハイエクの等身大パネルにサンタクロースの帽子が被せられるなど、実に明るく開放的な雰囲気。二〇一四年にニューヨーク市郊外からアトランタ市内に移転したことで運営コストが半減したという。

驚いたのは入り口そばに設置されているディスプレイ。株価のリアルタイムチャートのよ

ローレンス・リード理事長（左）とリチャード・ローレンクCOO

うに、財団のウェブサイトに掲載されている論考へのアクセス数やその日時が一目で分かる仕組みになっている。シンクタンクとしては画期的な試みのようだ。財団では五〇年代から発行してきた『フリーマン』誌を二〇一六年に廃刊。デジタル化を加速させている。フルタイムのスタッフ数は二八人で、ミーゼス研究所よりやや多い。

リード理事長は十四歳の時にテレビで観た「プラハの春」弾圧に衝撃を覚え、十代の頃から同財団のプログラムに参加。二十九歳の時にはミシガン州で共和党から連邦議会（下院）選挙に出馬した。同州最大のリバタリアン系シンクタンク「マキナック公共政策センター」の所長を二〇年間務め、二〇〇八年から現職。ローレンク氏はまだ三十代半ばだが、多くのリバタリアン系組織に関わってきた。同性婚者としてＬＧＢＴＱ（性的少数者）の権利拡大にも積極的だ。

オフィスにはサンタクロースの帽子を被ったハイエクも

近くのペルシャ料理の店で昼食をとりながら、アメリカの格差問題について尋ねると、ローレンク氏は「格差そのものが問題とは思いません。平等だから自由というわけでもありません。問題なのは貧困です」と前置きしたうえで、こう続けた。「例えば、アトランタの貧困はマイノリティに集中しています。LGBTQもその一つです。硬直的な制度や法律のせいで、本来（政府が）助けようとしている人が救われていないのです。市場に任せておけばいいのです。LGBTQに差別的な企業は消費者からボイコットされるでしょうし、優秀な人材を確保できずに淘汰《とうた》されるはずです」。

「アトランタには、例えば、City of Refuge という貧困救済に熱心なキリスト教系の大きなNPOがあります。企業も多く寄付しています。そして、そうした企業を消費者は高く評価します。マイクロクレジット（少額無担保融資）やBOPビジネス（低所得者向けビジネス）なども含め、市場や市民の力をもっと活用すべきなのです」

リード理事長が重ねる。「六〇年代の西ドイツ、七〇年代のモーリシャス、八〇年代のニュージーランド、九〇年代のインド、近年のルワンダなど、市場開放後に貧困は改善し、経済は上向きました」「かたや日本の状況は相当深刻です。実質的に経営破綻しているのに、政府の支援によって生き延びているゾンビ企業が多くあると聞きます」。

日本の話は耳が痛い。「規制大国」「最も成功した社会主義国」「アベノミクスの本質はケインズ主義」「道徳教育まで政府主導」「公文書改竄《かいざん》」……。私が出会った多くのリバタリアンから揶揄《やゆ》された。

もし自由を信じているなら

翌日、ローレンク氏からメールが届いた。政府より優れたサービスを提供している企業や市民社会の具体例について、私のためにわざわざフェイスブックを通じて友人たちに尋ねてくれていたのだ。そこには南北戦争後の南部で黒人が始めた学校、ハリケーン・カトリーナ来襲（二〇〇五年）後のウォルマートによる支援、ニューヨーク市における民間救急サービスまで、二〇人以上からさまざまな事例が寄せられていた。

ミーゼス研究所同様、経済教育財団では書籍の寄贈やオンライン講座、講演会、研修などを通した若者への普及に意欲的だ。「政治の世界は何かと表層的になりがちです。とりわけ今は酷い。でも、トランプ時代もいずれは終わります。次世代を担う若者にリバタリアンの考え方を理解してもらうほうがより本質的です。我々は高校生や大学生の関心が高い環境、格差、教育、政治、キャリア設計の五つを重点テーマに掲げています」とリード理事長は語る。ボールペンからTシャツ、キャップ、バッグ、ステッカーまでロゴ入りグッズも豊富で洗練されている。

そして、アメリカ国内にはこうしたリバタリアン系組織が二〇〇以上存在する。大学には学生組織も少なくない。財団、シンクタンク、大学、メディア、企業家、政治家などが連なるリバタリアンの知的＝政治的インフラの力を感じずにはいられない。

昼食の最後にリード理事長が語った。「八六年にポーランドを訪れた際、ある夫妻と極秘に面会しました。民主化を目指す地下ラジオを運営していたかどで投獄され、釈放されたばかりでした。『リスナーの存在をどう確かめたのですか』と尋ねたところ、こう答えました。『逮捕されないよう場所を転々としており、一回の放送はせいぜい八～一〇分でした。そこである日、〝もし自由を信じているなら家の灯りを点滅させて〟と呼びかけたのです。そして窓の外を見てみました。戒厳令下のワルシャワの町全体が点滅していました』と。その三年後に東欧の「鉄のカーテン」が崩れ落ちた理由の一端は、こうした高潔な人格の存在にあったのです」。

そして続けた。「高潔さ（character）を失った人間は自らの自由も失うのです」。

第3章　リバタリアニズムの思想的系譜と論争

「自由思想の英雄たち」を描いたポスター（ジョージ・メイソン大学人文学研究所）

1 自由思想の英雄たち

ノーラン・チャート

自由市場・最小国家・社会的寛容を重んじるリバタリアン。一九七一年に米リバタリアン党を創設したデヴィッド・ノーランは、その思想的位相を「ノーラン・チャート」と呼ばれる有名な概念図に示している（図3－1）。

それによると、経済的自由と個人的自由を重視する「リバタリアン」は、経済的には「保守」、社会的には「リベラル」の性格を有し、共和党（保守政党）と民主党（リベラル政党）の双方と部分的に交叉《こうさ》する。対極に位置するのは、経済・社会の両面で自由度が低く、政府の権限が強大な「権威主義」。そして、権威主義（国家主義、専制主義、共同体主義など）への誘惑は「右派」のみならず「左派」にも存在する。

日本と比べると、アメリカはもともと中央政府（連邦政府）への懐疑が強い。しかし、それでも有事の際には国家主義の誘惑が一気に高まる。二〇〇一年九月の同時多発テロの翌月には市民的自由を一部制限する「愛国者法」が直ちに制定された。

かたや日本の場合、「保守」や「リベラル」をめぐる議論こそ盛んだが、ノーラン・チャートにある「リバタリアン」の象限が意識されることは少ない。リバタリアニズムに賛同するかどうかは別として、この点は思想的・政策的な選択肢（ないし想像力）を狭めているのではないか。

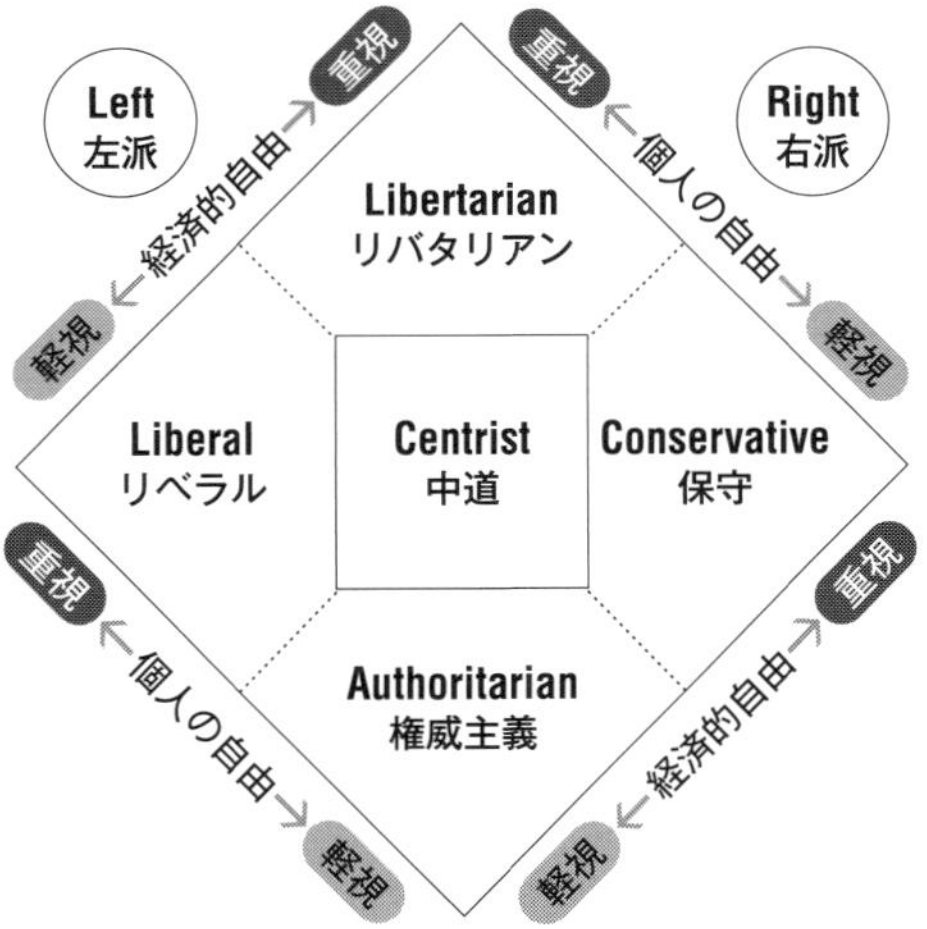

図3－1　ノーラン・チャート

リバタリアンを分類すると

これまで見てきたように、リバタリアンといっても内実はさまざまだが、一般的には大きく二つのカテゴリーに分類され、論じられることが多い。

一つは、「政府の関与の度合い」に関す

ロバート・ノージック

るもので、最も過激な立場としてマレー・ロスバードやデヴィッド・フリードマンらの「無政府資本主義」(アナルコ・キャピタリズム)がある。政府の存在を倫理的にも認めず、道路や公園、海洋などの公共財はおろか、警察や裁判所などすべてのサービスの民営化を提唱する。ロスバードは国家を「組織犯罪者が集う巨大なギャング」と切り捨てた。それゆえ政府との「社会契約」などあり得なかった。

もう少し穏健な立場としては「最小国家主義」(ミナキズム)がある。国防・司法・治安のみを政府の役割とする夜警国家論で、ハーバード大学の哲学教授だったロバート・ノージックが一九七四年に刊行した『アナーキー・国家・ユートピア』で体系化した。同書はノージックの先輩同僚にあたるジョン・ロールズが三年前に刊行したリベラル派の金字塔『正義論』への批判的応答でもあった。ノージックは個人が(他人の自由を侵害しない限り)それぞれ望む自由な生き方を認めた。仮にそれが共産主義的な生活共同体への参加であっても、脱退の自由が認められている限り、否定はしなかった。生命や財産権の保護以外の政府の機能を原則的に否定したアイン・ランドもこの立場に位置づけられよう。

最も穏健で中道に近い立場が「古典的自由主義」で、「大きな政府」を否定しつつも、政府の役割についてはより肯定的だ。ジョン・ロックやアダム・スミス、トーマス・ジェファーソンなどを起源とし、二十世紀に入ってルートヴィッヒ・フォン・ミーゼスやフリードリヒ・ハイエク、ミルトン・フリードマン、ジェームズ・ブキャナンらによって体系化された。いわゆる「小さな政府」論で、経済的には共和党保守派の立場に近い（ただし、社会的には大きく異なる）。

第2章2節で述べたように、リバタリアンのなかには自分たちこそアメリカ元来の正統なリベラル＝自由主義者という意味で「古典的リベラル」（古典的自由主義者）という呼称を好む者もいる。同時に、無政府資本主義や最小国家主義を連想させるリバタリアンの過激なイメージと一線を画すべく、あえて「古典的リベラル」と称する者も少なくない。

古典的自由主義者を「ソフト・リバタリアン」、無政府資本主義者や最小国家主義者を「ハード・リバタリアン」とする分け方などもある。しかし、例えば、無政府資本主義者からすれば、国軍の創設・維持を認める最小国家主義者と古典的自由主義者の違いはないに等しい。これらはあくまで理念型であって、実際には個々の事例や文脈によってニュアンスも変わる。私が訪れた研究所に関する限り、スタッフの政治的立場はさほど厳密なものではなく、ましてや特定の立場を排除するような雰囲気はまるで感じられなかった。

リバタリアンのもう一つのカテゴリーは、「自由を至上価値とする論拠」に関するもので、「自然権」論、「帰結」論、「契約」論の三つに大別される。

「自然権」論は、時代や地域や属性に関係なく、生存権、自由権、財産権などを、個人に等しく与えられた普遍的な権利として「自由」と捉える立場を指す。なぜ普遍的な権利と断定できるのかはともかく、所与の権利であることを議論の前提とする。ロックやジェファーソン、ノージック、ランド、ロスバードなどの思想に通底する立場である。

「帰結」論は、そうした観念論ではなく、自由を追求することが幸福に至る最も合理的な選択であるとする。古くはアダム・スミス、より現代的にはオーストリア学派のミーゼスやハイエク、シカゴ学派のミルトン・フリードマン（と息子のデヴィッド）など経済学者に多い。

「契約」論は、より政治学に近く、多数決に基づく民主主義の持つさまざまな問題点（例えば、政治家や官僚は公正無私ではなく自己利益を追求する点など）を指摘しノーベル経済学賞を受賞（一九八六年）したヴァージニア学派（公共選択学派）のブキャナンに代表される。自己利益を求める理性的な人々の間ではリバタリアニズムが選択（契約）されるとする点は、哲学者ジャン・ナーヴソンとも重なる。

もっとも、これらもあくまで理念型であり、必ずしも背反するものではない。例えば、デヴィッド・フリードマン氏は「私は信条的には自然権論者だが、それだけでは説得力に欠ける気がするので、帰結論的な手法を用いているだけ」と私に語っていた。

リバタリアンの通奏低音

むしろリバタリアンに関しては、立場の違いを超えた共通点が目を引く。とりわけ最も基本的な態度として、他者との相互不可侵の関係性が挙げられる。つまり、相手（ないし自分）の自由を侵害しない限り、自己（ないし他者）の自由は認められるというものだ。

社会的寛容の礎石とも言える考えだが、その精神を裏書きするものとして、自己所有権が重視されている。そこでは個人の意思に背く財産や身体への強制的介入は「暴力」として明確に否定される。一見、至極当然に思えるが、物理的、構造的、象徴的な暴力は現に数多く存在する。

無政府資本主義者を除き、リバタリアンの多くはこうした暴力を抑止する存在として政府の役割を一定程度認める。しかし、その反面、政府そのものが暴力的存在へと転じる危険性についても敏感だ。強大な権力を有し、かつ画一的な対応に陥りがちな中央政府よりも市民に近い地方政府を、そして政府よりも市場の調整メカニズムを信頼する理由がここにある。

しかし、かといって資本主義の現状を全面肯定しているわけでも、過去に黄金時代が存在したと考えているわけでも、ましてや市場そのものを万能と見なしているわけでもない。むしろ、独占資本によって、あるいは政府の補助金や規制によって、市場本来の調整メカニズムが損なわれているとして憤る。

最も暴力性が低いのは、共同体のなかで培われてきた暗黙知や自生的秩序（ルールとロール とツール）を尊重することである。具体的には、市場に加えて、貨幣、言語、コモン・ロー（慣習法・判例法）、家族などを尊重することを意味する。そして、この点において、リバタリアニズムは伝統主義としての保守主義と重なる。しかし、その一方で、伝統主義や共同体主義はややもすると個人の自由を抑圧する。その境界線は微妙で、常に論争の対象となり得る。

一般的に、社会問題解決の手法としては、①強制力を有する第三者が統制するヒエラルキー・ソリューション、②市場のメカニズムを活用するマーケット・ソリューション、③当事者間の自発的な協力に依拠するコミュニティ・ソリューションの三つがある。リバタリアニズムの特徴は、①をまさに極力最小化しようとする点にある。強制によらない、自発的な協力や取引に基づく社会。それこそが自己と他者の自由や幸福が不可分に結びついたユートピアを可能にすると考える。

例えば、環境問題。リバタリアンは地球温暖化を科学的事実と認めるが、社会運動的な「環境主義」は、教条主義的な温暖化否定論と同様、単なる政治スローガンに過ぎず、むしろ政府に規制強化や歳出拡大の口実を与えかねないとして警戒する。あくまで環境保護の最善策は私有化と民営化だと考える。自分の所有物なら価値を高めるべく尽力するだろうというわけだ。

リバタリアニズムのもう一つの特徴は、哲学者アイザイア・バーリンが説くところの「消極的自由」に積極的で、「積極的自由」に消極的な点だ。前者は、ある行為をするにあたり他者の強制や干渉がない状態を、後者は、ある行為をするにあたり自らの意思で行い得る状態を指す。すなわち、消極的自由は他者に従わないこと（「〇〇からの自由」）、積極的自由は自己に従うこと（「〇〇への自由」）を意味する。

バーリン自身は「積極的自由」に懐疑的だった。それが他者に対する「自由の強制」へとつながり、ひいては全体主義や共産主義すら正当化しかねないと考えたからである。消極的自由を保障する手段として、フランクリン・ルーズヴェルト米大統領のニューディール政策（政府による弱者支援）を強く支持したことから、バーリンはリバタリアンから批判されることも多い。しかし、リバタリアンも消極的自由を保障する手段として法権力の介在は認めている（例えば、犯罪者の収監など）。自由への視座そのものはリバタリアンのそれと親和性が高い。

源流はヨーロッパにあり

古典的自由主義の直接的な思想的源流は十七〜十八世紀の啓蒙主義時代のヨーロッパの政治哲学にまで遡る。

全米最古のリバタリアン系のシンクタンク「経済教育財団」（FEE）が発行していた『フリーマン』誌の最終号（二〇一六年）の表紙は、同財団やリバタリアニズムの発展に寄与した「自由思想の英雄たち」が一堂に会するユニークなデザインになっている。そこにはミーゼス、ロスバード、ハイエク、ミルトン・フリードマン、ランドらに加えて、ロックとスミスのイラストもある。もちろん、この二人以外にもアルジャーノン・シドニーからシャルル・ド・モンテスキュー、デヴィッド・ヒューム、イマニュエル・カント、ヴィルヘルム・フォン・フンボルト、トーマス・ペインまで、数多くの思想家の影響が指摘される。表紙には古代ローマの哲学者キケロの顔も見える。聞けば、帝政を行おうとしたカエサルのライバルとして、共和政の維持に尽力した点を評価しているとのこと。

そのヨーロッパにおいて自由主義が先鋭化したのは――すなわち急進的な「ハード・リバタリアン」の言説が擡頭したのは――十九世紀半ば以降である。

例えば、「いかなる政府にも安全保障に関するサービスを独占する権利はない」と述べ、警察や国防の民営化を説いたギュスターヴ・ド＝モリナリの論文「安全保障の生産」（一八四九年)。「国家とは皆が他人の金で生きるために作られた壮大なフィクションである」と喝破し、徴税を「合法的な略奪」と難じたフレデリック・バスティアの『法』(一八五〇年)。「他の人々の同様な自由によってだけ制限される平等な自由」を論じ、国家を無視する権利を説いたハーバート・スペンサーの『社会静学』(一八五一年)。無政府資本主義や最小国家主義の原型ともいうべき著作がこの頃から相次いだ。

「自由思想の英雄たち」を描いた『フリーマン』誌最終号表紙

ちなみにスペンサーは、「適者生存」という言葉を造った社会進化論者として批判的に扱われることが多い。しかし、彼が意味したのは「弱肉強食」ではなく、強制力の支配する軍事型社会から自発的協力が支配する産業型社会への進化である。その根底にはヒエラルキー・ソリューションへの懐疑があった。社会進化論の立場から帝国主義を擁護したと誤解されているが、これは正反対である。

さて、十九世紀半ばにこうした急進的自由主義が擡頭した背景は主に三つある。

第一に、英仏を中心に産業革命が進むにつれ、財産権や契約、資本主義への関心が高まり、政治・経済の政策論争の中心テーマに据えられるようになった。その分、急進的な思想が顧みられる余地が生じた。

第二に、ヨーロッパでは、一八四八年の革命を受け、社会主義が思想的、政治的に影響力を持つようになった（カール・マルクスとフリードリヒ・エンゲルスの『共産党宣言』がロンドンで出版されたのは同年二月）。かつて古典的自由主義が絶対王政へのアンチテーゼとして発展したように、急進的自由主義は社会主義への対抗言説として発達した。社会主義が小さな共同体での実践に留まっているうちは自由主義との対立も顕在化しなかった。しかし、この頃から「国家」が主体となって社会主義の実現を目指す「国家社会主義」（ここではナチスの国家社会主義＝国民〔民族〕社会主義とは明確に区別する）が大々的に喧伝《けんでん》される時代に入る。その脅威を前に、古典的自由主義の内部に二つの相反する動きが現れた。

一つは「進歩派」で、富の再分配を含め、政府のより積極的かつ直接的な役割を認めた。いわば、部分的に国家社会主義に妥協した福祉国家的、社会民主主義的な立場で、現代アメリカにおける「リベラル」の原型となった。

もう一つが「急進派」で、一切の妥協を拒み、むしろ先鋭化することによって国家社会主義に抗った。こちらが今日的な意味での「リバタリアン」、とりわけ無政府資本主義や最小国家主義の立場をとる「ハード・リバタリアン」の原型となった。

第三に、国家社会主義の擡頭とも関連するが、十九世紀は「イデオロギーの時代」だった。十七〜十八世紀の古典的自由主義は個別の社会的なテーマや領域に関する考察が主だった。ところが社会主義や民族主義など、より普遍性の高い「大きな物語」が競合するにつれ、自由主義の側にも政治・経済・社会・文化などあらゆるテーマや領域を包括的かつ体系的に論じる必要が出てきた。その結果、それまで比較的分散していた急進派の思想家や活動家の連帯も強まった。もちろん、それを可能にした交通・通信網やメディアの発達も大きい。

なぜアメリカで隆盛となったのか

先述した『フリーマン』誌の表紙にはトーマス・ジェファーソンやジェームズ・マディソンなど「アメリカ建国の父」と並んで、エドマンド・バークやアレクシ・ド・トクヴィルのイラストもある。彼らがアメリカの独立革命や市民社会の意義を擁護している点を評価したそうだ。

王政や貴族政といった身分制社会を否定して成立したアメリカでは、近代そのものに懐疑的なヨーロッパ流の「保守主義」はほとんど存在せず、建国の思想となったのはロックらの「自由主義」だった。ドイツからアメリカに亡命したユダヤ人思想家ハンナ・アーレントが、「アメリカ独立革命こそは、社会のルールをめぐる権威づけを、王や宗教ではなく、個人の契約に委ねることに成功した近代史上唯一の事例だ」と指摘したことは有名だ。

その一方で、ヨーロッパのように、強大な政府権力の介入によって、急進的に社会の革新や平等化を目指す「社会主義」が広く受け入れられることもなかった。今もアメリカにはアメリカ合衆国社会党(SPUSA)やアメリカ共産党(CPUSA)といった左派政党が存在するが、政治的影響力は皆無に等しく、存在すら知らないアメリカ人も多い。

つまり、君主や貴族による統治(保守主義)も、巨大な政府権力による統治(社会主義)も、ともに否定するのがアメリカの特徴である。ヨーロッパでは、長年、保守主義・自由主義・社会主義という三すくみの対立軸によって政治空間が織りなされてきたが、アメリカでは「保守」も「リベラル」も自由主義を前提としており、イデオロギー間の差異はもともと小さい。アメリカの「保守」は自由主義の右派に過ぎず、「リベラル」は自由主義の左派に過ぎない。いわば「コカ・コーラ」か「ペプシ・コーラ」か程度の違いに過ぎないという見方もできる。

そのアメリカにおいても、十九世紀半ばには、ライサンダー・スプーナーやベンジャミン・タッカーなど、個人主義的な無政府主義者がボストンを中心に活躍した。彼らは自由放任が不道徳の「原因」ではなく「解決策」であり、自由市場が国家機能を代替できると説いた。例えば、スプーナーは政府の郵便事業独占に反対し、一八四四年に「アメリカ文書郵便会社」（ALMC）を設立、低料金化に成功したが、政府により事業撤退を余儀なくされた。スプーナーは奴隷制廃止論者としても有名だ。米墨戦争（一八四六～四八年）と奴隷制への反撥から人頭税の支払いを拒み投獄された作家ヘンリー・デヴィッド・ソローは「支配が最小の政府が最良の政府である」と述べ、市民的不服従を訴えた。

しかし第2章2節で述べたように、アメリカにおいてリバタリアニズムが先鋭化したのは一九三〇年代以降であり、ヨーロッパに比べると相当遅い。その直接的な契機は「進歩派」によるニューディール政策の施行にあった。

つまり、ヨーロッパのように「社会主義」への反動ではなく、自由主義の左派＝「進歩派」への反動としてであったのである。ヨーロッパからすれば「コップのなかの争い」に映っても不思議ではないが、自由主義という狭い枠のなかでの争いゆえ、より先鋭化＝急進化しやすいとも言える。ニューディール政策のみならず、冷戦下においてアメリカが自由主義陣営の盟主となった点も大きい。今日、リバタリアニズムが知的＝政治的に最も盛んなのはアメリカであり、世界的な影響力も群を抜いている。

リバタリアニズムへの懐疑

もっとも、リバタリアニズムの世界観には批判も多い。

曰く、「完結した強靭な自己」という西洋流（とくにアメリカ流）の個人主義を前提にしており、普遍性に欠ける。歴史的・人類学的にそうした「個人」は虚構ないし理想に過ぎない（例えば、人間の存在は家族や親族集団、部族などと不可分だった）。「社会」は「個人」の集合体ではなく、逆に、個人を「個人」たらしめているのが「社会」である……。

曰く、人間の歴史にはつねに長老や首長などの権力者がいた。いわば、政府も長年の歴史のなかで培われてきた自生的秩序の一つである。リバタリアンは連邦政府の権限が弱かったアメリカ建国期を理想化するが、連邦に加わった州にはすでに「政府」が存在していた。そもそも「自然権」を裏書きしているのは政府である。奴隷制を廃止したのも政府である。人びとがより健康になり、豊かになり、安全になったのは政府のおかげである。個人を抑圧するのは政府＝公権力だけとは限らない……。

とりわけ「大きな政府」を擁護するリベラル派からの反撥は強く、ミルトン・フリードマンを批判したナオミ・クラインの『ショック・ドクトリン』（二〇〇七年）やブキャナンを槍玉にあげたナンシー・マクリーンの『鎖に繋《つな》がれた民主主義』(*Democracy in Chains*、二〇一七年、未邦訳)などの問題作も少なくない。保守派にとっても、宗教保守や安保保守(タカ派)からすれば、リバタリアニズムの世界観は相当異質だ。

加えて、現実世界の個別具体的な話になるほど、リバタリアン流の正義をどう解釈すべきかが難しくなる。

例えば、政府が過去において強制的に収用した土地があり、それを本来の所有者に返還すると決定したとする。しかし、もしその所有者が過去においてその土地を第三者から強制的に収用していた場合、政府はその所有者に返還すべきだろうか。所有権はどこまで過去に遡ってその正当性を問われるべきか。この古典的な問いに対して、スペンサーはあくまで現在の所有者に権利があるとした。それは(必ずしも)道義的な公正さゆえではなく、強く所有権を主張できる人が他にいないからである。この論理は妥当だろうか。

例えば、砂漠で人びとが各々井戸を掘り当て、快適に暮らしていた。しかし、ある日、自分の井戸以外はすべて干上がってしまった。もちろん、自分の井戸は自らの肉体作業(労働)の成果である。そして、他の井戸が干上がったのは自分の責任ではない。この場合、自分が自身の井戸を占有し続けることは公正だろうか。高い料金で水を売る行為はどうだろうか。ノージックは、他の人びととの暮らしを劣化させるような占有は認められないとして、私的所有権に制限をかける。この論理は妥当だろうか。

所有権一つとっても、厳密に定義できるわけではなく、個々の社会状況に左右される。総論としては自由を至上価値と認めながらも、現実世界の文脈ではかなりの恣意《しい》性を免れない。これはリバタリアニズムに限った問題ではないが、リバタリアニズムもこの問題から自由ではない。

こうした哲学的な次元とは別に、リバタリアニズムに対して否定的反応（ないし瞬間的拒絶！）が向けられる典型例として、貧困と平和の問題がある。すなわち、それが経済的には弱者切り捨てのイデオロギーであり、外交・安全保障的には現実離れしたユートピア思想に他ならないという懐疑である。私自身、この疑念を拭いきれない面がある。

この貧困と平和の問題に対してリバタリアンはどう向き合ってきたのか。次節は彼らの思考の足跡を追ってみたい。

2　自由は不自由？

「縁故資本主義」

リバタリアンが自由市場・最小国家・社会的寛容を重んじていると告げると、すぐに判で押したような反応が返ってくる。最も典型的なのは、それが弱者を切り捨てる市場万能主義に他ならないという批判。外交・安全保障に関心がある者だと、コスモポリタニズム（世界市民主義）とも孤立主義とも受け取れるその態度に不安を覚えるようだ。

こうした懸念にリバタリアンはどう向き合っているのか。

ベストセラー小説『肩をすくめるアトラス』（一九五七年）を著したアイン・ランドにとって、進取の気性に富む資本家や起業家、発明家こそが英雄であり、絶えず市民や政府にたかられる受難者だった。社会主義に対する資本主義の道徳的優越性を説いたランドだが、「倫

マレー・ロスバード

理的な利他主義」を批判し「合理的な利己主義」を擁護するその思想は弱者軽視の印象を与えかねない。

その一方、無政府資本主義（アナルコ・キャピタリズム）を掲げるマレー・ロスバードは、進歩派が掲げる社会工学的な政策が貧困者や労働者を救済したことも、またそう企図されたこともないとする。例えば、二十世紀初頭には連邦準備制度（Ｆｅｄ）や連邦取引委員会（ＦＴＣ、米国の独占禁止当局）が設立されたが、新興企業の市場参入が相次ぐなか、自らの権益を保護・拡張すべく、政府機関による規制を要請したのは、進歩派ではなくむしろＪ・Ｐ・モルガンやジョン・ロックフェラーのような大資本家だった、等々。

ロスバードはこうした癒着を市場本来の調整メカニズムを歪める「縁故資本主義」（クローニー・キャピタリズム）と批判。ランドもロスバードも政府に懐疑的な点は同じだが、ロスバードはアメリカ資本主義の現状をむしろ道徳的頽廃と捉えた。そして、その認識において――さらにはベトナム反戦なども含め――リバタリアンと左派の間には奇妙な共通点もあった。

二〇〇八年のリーマンショックを受けて、バラク・オバマ政権は自動車産業や大手金融機関の救済などに乗り出したが、その結果、二つの大衆運動が顕著になった。すなわち右派の「ティーパーティ（茶会）運動」と左派の「ウォール街占拠運動」である。前者がビッグ・ガバメント、後者がビッグ・ビジネスを標的にしている点で両者は異なる。しかし、どちらも政府と企業の癒着により、アメリカの本来あるべき自由市場や民主主義が歪められ、自分たちの人生や社会が闇の権力に支配されているという危機感を共有していた。

私が会ったリバタリアンの多くはどちらの運動に対しても「表層的」「ただのブーム」と素っ気なかったが、必ずしも相反する現象とは捉えていない。ともに自由が蝕まれた社会における必然であり、アメリカ社会の窮状は自由の「過剰」ではなく「欠乏」にあるとの見方が支配的だった。

ベーシック・インカムを容認する声も

そもそもリバタリアンは、自分たちこそ貧困や弱者の問題を正視してきたと自負している。ただし、不可抗力による貧困状態と、本人の怠惰による依存的な貧困状態とを区別する。依存的な貧困者のために政府が他人から徴収した税金を投ずることは、勤勉な者を罰し、無責任な者を賞する点で不公正であり、中長期的に本人の自助を促すことにならない点で非効率と見なす。

仮に正しい目的を持った貧困救済事業であっても、政府による事業には法案を制定した議員の自己利益が埋め込まれている場合が多い。そして、議員に対して強い影響力を持つのは、往々にして、財力や政治力のある企業や利益団体であり、貧しく弱き者ではない……。

そもそも、社会は政府（＝特定の人的集団）が理解するにはあまりに複雑すぎる。扱う社会の規模が大きくなるにつれ、政府の対応は現場のニーズと乖離《かいり》した画一的なものになりがちである……。

こうした理由からリバタリアンは、政府の支援よりも、富の蓄積（経済成長）、慈善団体や互助団体による貧困支援を第一義的に考える。

しかし、これらはあくまで原理原則であって、ここから先はリバタリアンの間でも温度差がある。

例えば、古典的自由主義者のジョン・ロックは、自己所有権などを個人に等しく与えられた普遍的権利と見なす「自然権」論の代表格として、無政府資本主義者のロスバード、最小国家主義者（夜警国家論者）のロバート・ノージックやランドなどからも高く評価されてきた。そのロックは（他に改善手段を持たない）貧困者が他者から支援を得ることは「権利」であり、そのために政府が再分配を行うことを半ば当然視していた。

弱者への関心が高かったアダム・スミスも、あくまで富の蓄積に主眼を置く一方、政府による再分配を否定するものではなかった。トーマス・ペインに至っては、一七九七年に執筆した論考「農民の正義」（"Agrarian Justice"）において、ベーシック・インカム（最低限所得保障制度）の必要性を論じているほどだ。

こうした考え方はミルトン・フリードマンの「負の所得税」（NIT）——一定の収入以下の人には課税せず、逆に政府から給付金を与えるというもの——とも重なる。フリードリヒ・ハイエクも政府による限定的な社会保障機能を認めた。

これら古典的自由主義者（＝ソフト・リバタリアン）は無政府資本主義者や最小国家主義者（＝ハード・リバタリアン）に比べて、政府による再分配に対してより寛容だ。もちろん、古典的自由主義者の間でもベーシック・インカムなどへの反撥は根強い。しかし、政府が具体的なサービスを提供するよりも、受給者本人の自由裁量が大きい分、強制力が少なく、市場の自生的な秩序と整合性が高いと擁護する声も少なくない。

差別是正に政府は関与すべきか

貧困の問題は人種やジェンダーをめぐる差別とも深く結びついている。ランドは「人種差

白人と黒人が一緒になった「強制バス通学」（ボストン，1974年）
出所：AP／アフロ

別は最も下等で下品な原始的集合主義」と痛烈に批判。リバタリアンは国籍や人種、宗教、性など集合的属性に基づく差別を、個人の自由を奪う「暴力」の一種と見なす。

しかし、ここでも政府による是正措置には懐疑的だ。

例えば、政治の世界では時に政治家が集票戦略の一環として排外主義的な言動——いわゆる分断の政治——に訴えることがある。

また、政治家は世論を気にするため、差別是正に関しても、民意を牽引すると、むしろ対応が後手に回ってしまう場合が少なくない。進歩派のオバマ大統領ですら、自らの大統領選挙期間中は同性婚に反対していたが、賛成へと立場を変えたのは、米国世論の過半数が同性婚支持に転じた後だった。

加えて、連邦最高裁判所が公立小中学校の特定学区で白人生徒と黒人生徒の割合の均衡を保つための「強制バス通学」を合憲（一九七一年）としたものの、地域の人種対立がかえって深まってしまった過去などもある。

こうした理由から、リバタリアンはあくまで上からの強制によらない、自発的な協力や市場のメカニズムに基づく解決を重視する。例えば、フリードマンなどは、差別的な企業は消費者からボイコットされ、優秀な人材を確保できなくなるとして、市場による淘汰を訴える。同様に、リバタリアンの法学者デヴィッド・バーンスタイン（ジョージ・メイソン大学教授）は、差別的対応を望む企業や団体であっても活動の自由そのものは認められるべきだが、その方針を公にすることを条件に掲げる。世論の反撥で活動継続は困難になるとの見立てだ。

同じことはジェンダー差別についても当てはまる。家父長制は、人類史において長く、かつ広汎に実践されており、特定の個人や集団によって設計・導入された制度ではない。その意味では自生的秩序の一つと言えなくもない。しかし、それは男女差に基づく非対称的な力関係が――かつての奴隷制同様――「自然」に見えているだけであり、人類に「普遍的」な制度とまでは言えない。それゆえ是正に値すると考えるリバタリアンも多いようだ。

らである。

平和への異なるアプローチ

外交・安保に関しても、個人の自由を最重視するリバタリアンの姿勢は変わらない。保護貿易や軍備拡張に反対するのは、それが政府の権力を肥大化させ、個人の自由を侵害するからである。

しばしば引き合いに出されるのが、反穀物法同盟の指導者の一人、リチャード・コブデンだ。反穀物法同盟とは、イギリス・マンチェスターの商工業者を中心とした組織で、一八四六年に穀物法を廃止に追い込み、同国の自由貿易運動を推進した。コブデンは必ずしも教条的な平和主義者ではなかったが、自由貿易の拡大や対外不干渉の原則に基づく反戦平和を唱え、領土拡張や植民地支配を伴う帝国主義には断固反対した。

対照的なのは、デヴィッド・ヒュームとアダム・スミスである。彼らは、他国の略奪や征服そのものは否定しつつも、確固たる軍隊を保持することは各国の権利かつ義務であり、自由貿易が拡大しようとも、その重要性は消えないとした。

理性（合理）主義者のコブデンは自由貿易——さらに言えばイマニュエル・カントは民主主義——の拡大によって恒久平和が到来すると考えたのに対し、経験主義者のヒュームとスミスは戦争を不可避と見た。それゆえ彼らは常備軍の組織を支持した。

しかし、いわゆる「リアリスト」（現実主義者）とは異なり、ヒュームとスミスは国家間の関係をアナーキー（無政府状態）とは考えなかった。むしろ、貿易を通した経済システム、外交・国際法による規範や制度、軍事的な勢力均衡など、さまざまな協力・調整メカニズムのなかに埋め込まれていると捉えた。国家は「万人の万人に対する闘争」（トーマス・ホッブズ）状態にあるのではなく、他国との関係を通して発展し得ると考えたのである。

つまり、同じ古典的自由主義者の間でも、平和へのアプローチをめぐっては大きな隔たりがあるということだ。

「共和党こそ道を踏み外している」

アメリカの場合もリバタリアンの立場は一様ではなく、歴史的には大きな分岐点が二度あった。

一度目は第二次世界大戦で、日本軍による真珠湾攻撃（一九四一年）の前から、枢軸国の支配地域の住民保護を目的とする介入は容認されるべきだとの声が強くなり、保守派との連携が進んだ。もともと社会的にリベラルで、軍備拡張に反対するリバタリアンだが、戦争という特殊な状況、さらには進歩派によるニューディール政策の推進という「共通の敵」を前に、保守派との共闘関係に転じたわけである。

戦後も自由貿易重視と反共産主義の立場から両者の関係は続き、例えば、保守系青年組織

「アメリカ自由青年団」(YAF)などと全米のキャンパスでの活動をともにした。いわゆる「融合主義」(フュージョニズム)の時代である。

しかし、一九五〇年代後半からリバタリアンの間で影響力を持ち始めたロスバードらが、保守派の国家主義や軍事力偏重を批判し、対ソ連強硬路線から不干渉主義への転換を訴えた(そう主張したロスバードの『ナショナル・レビュー』誌への投稿エッセイは保守派のウィリアム・バックリー編集長により却下された)。

ロスバードは、反共を口実に、増税や徴兵制、軍産複合体が進み、政府の権力が肥大化している点を問題視。「政府が一度手にした権力を手放すことはまずない」「戦争とは国家が市民を守るためではなく、国家が自らを守るために市民を動員(犠牲に)するもの」などと警戒心を露わにした。

次第にリバタリアンの間で保守派への反撥が強まり、一九六九年にセントルイス市(ミズーリ州)で開かれたYAFの全国大会で両者は決裂。ベトナム戦争の徴兵カードを焼き捨て、YAFと訣別《けつべつ》し、反戦平和を掲げるリベラル系青年組織「民主社会学生連合」(SDS)に合流した者も少なくなかった。その後、冷戦終結を受け、保守派の一部と見なされがちだったリバタリアンはより一層独自の存在感を示すようになった。

二度目の分岐点は二〇〇一年の同時多発テロである。ランドの遺産相続人で「アイン・ランド協会」（ＡＲＩ）を創設したレナード・ピーコフは、同テロを「過去五〇年に及ぶ西洋の宥和《ゆうわ》主義の当然の帰結」とする広告を『ニューヨーク・タイムズ』紙に掲載した。曰く、西洋は中東の油田開発に多大の資本や科学技術を投じてきたのに、一九五一年のイランによる石油国有化以来、（ランドの説くところの）「合理的な利己主義」を自ら放棄した。その弱さが中東の混乱を招いてしまった、と。ピーコフは「イランとテロリズムの関係は（一九四〇年代の）ドイツとナチスのそれと同じだ」とイラン攻撃を正当化。イランに対する核兵器使用の可能性すら排除しなかったドナルド・ラムズフェルド国防長官（当時）を支持した。

ランド自身、筋金入りの反共主義者で、不干渉主義を唱えるロスバードを批判した。そのことが、ランドが「リバタリアン」と呼ばれることを拒んだ理由の一つとされる（ランドはリバタリアンを「右派のヒッピー」と一蹴した）。

ピーコフとは対照的に、ロン・ポール（元連邦下院議員）は不干渉主義を貫いた。二〇〇八年の大統領選で共和党予備選に出馬した際、イラク即時撤退を訴える立場が共和党の方針から逸《そ》れていると指摘された同氏は、「共和党こそ道を踏み外している。本来、共和党は朝鮮戦争やベトナム戦争を終結させるために選ばれた党だったはず」と反論した。

「なぜテロリストはアメリカを攻撃するのか。アメリカはイラクを一〇年間も爆撃し続けている。イラクのアメリカ大使館はバチカンにあるものより大きい。しかも、一四もの基地を

ロン・ポール（右）とランド・ポール親子

造ろうとしている。もし中国が同じことをアメリカ国内で行ったら、アメリカは反撥するでしょう。もし他国が同じことをアメリカ国内で行ったら、私たちがどう反応するか想像してみてください」。ポールはそう続けた。

ポールとピーコフの見解の相違は、時代や程度の差こそあれ、コブデンとスミスの時代から続く構図でもある。

ちなみに、ポールの息子ランド・ポール（連邦上院議員、共和党）は父親ほど筋金入りのリバタリアンではないが、それでもオバマ大統領が指名した中央情報局（CIA）長官候補の承認を議事進行妨害（フィリバスター）するため一三時間に及ぶ演説を行った。不干渉主義者の同氏と介入主義者のジョン・マケイン議員（共和党）の上院外交委員会における対立は広く知られていた。

リバタリアンは国境にとらわれない、個人の自由な移住を支持する。しかし、ここでも、例えばフリードマンのように、完全に自由な移住と福祉国家の両立は不可能だとして、一定の制限を容認する者も少なくない。移民の制限は私的所有権の正当な表現である——つまり、受け入れコミュニティは自分たちの土地へのアクセスを制限する自由を有する——と主張する者もいる。

このように、「弱者に冷たい」「外交・安保観が甘い」と批判されることの多いリバタリアンだが、ベーシック・インカムを支持する者もいれば、イラク戦争を正戦と捉える者、移民の受け入れ制限を説く者もいる。個別具体論になればなるほど、「自由」をめぐる解釈にも幅があるということだ。

サンデルへの不満

ところで、政治哲学としてリバタリアニズムを体系化したのは、ノージックの『アナーキー・国家・ユートピア』（一九七四年）である。それがリベラル派（＝リベラリズム）のジョン・ロールズがその三年前に著した『正義論』への批判的応答だったことは前節で述べた。

そして、その双方を批判したのがコミュニタリアン（共同体主義者）のマイケル・サンデル（ハーバード大学教授）の『リベラリズムと正義の限界』（一九八二年）である。リバタリアニズムもリベラリズムも個人の権利を「普遍的な正義」と考えているが、サンデルは個人が特定の歴史的・社会的文脈＝「共同体の善」のなかに埋め込まれている点を重視し、普遍主義を議論の前提（出発点）とすることを拒む。

リバタリアンもコミュニタリアンも、共同体の自己決定権や自生的秩序を尊重する点は似ている。コミュニタリアンはそうした共同体こそが、国家と個人をつなぐ中間集団、あるいは国家主義ないし（武骨な）個人主義の暴走に対する防波堤と考える。

しかし、リバタリアンからすると、コミュニタリアンは個人にとって所与の――それゆえ脱退困難な――共同体（民族、宗教、地域、国家など）の価値を偏重しているように見受けられる。それゆえ、ある共同体への人格的帰属を強制されること、あるいはコミュニタリアンの思想が排外的なナショナリズムに転化することを危惧する。

政治哲学のもう一つの基本的な原理に功利主義がある。「最大多数の最大幸福は道徳と立法の基盤である」というジェレミ・ベンサムの有名な言葉が示すように、社会全員の幸福の総和を最大にすることを正義と捉える。リバタリアンとリベラリストが「権利と義務」、コミュニタリアンが「善」という視点から正義を考えるのに対し、功利主義は「幸福」を主眼に据える。

しかし、全体の効用（公益）を最大化するためなら、少数者の不幸（損や犠牲）を正当化しかねない功利主義の論理は、徴税を政府による「窃盗」ないし「強制労働」と見なすリバタリアンにとっては受け入れ難いものである。

リバタリアンは、コミュニタリアンや功利主義者の論理に伴う、こうした危うさに対する防波堤としても、個人の権利は「普遍的な正義」として担保されるべきものと考える。

「リバタリアン・パターナリズム」

リバタリアンのセミナーに参加してみると、時事問題のみならず、哲学的な議論に及ぶことも少なくない。例えば幼児や障害者が適切なケアを受けているか政府職員が家庭訪問するのは許されるか（個人の自己決定能力の有無の判断基準は何か）。喫煙は個人の自由だとしても、環境を汚す自由はあるか（空気や水は誰のものか）。私有地内であれば人種や宗教により雇用選別することは問題ないか。個人所有していれば名画や史跡を自由に処分しても構わないか。死亡した人に自己所有権はあるか（遺産は誰のものか）。動物にも人間と同様の権利を認めるべきか……。さながらサンデルの「白熱教室」のごとく、自由闊達《かったつ》な意見が飛び交っていたのが印象的だった。

私自身は大学院で文化人類学を専攻していたこともあり、「普遍的な正義」といった大きな語りには慎重になりがちだ。しかし、その一方で、ポストモダン的な相対主義には強い違和感を覚える。こうした両義的な立場からすると、リバタリアンが「普遍的な正義」と見なす個人の権利、とりわけ自己所有権をめぐる議論には共鳴しつつも、幾許《いくばく》かの疑問が湧いてくる。

例えば、「自己」と「他者」はどこまで厳密に切り離せるのか。俗っぽい言い方をすれば、今日の「私」があるのは「周囲」のおかげでもある。もしそうであるとすれば、「個人の権利」は「他者への責務」と常に結びつけて論じられるべきテーマのように思える。リバタリアンにとっての「他者への責務」とはまず何よりも「他者の自由を侵害しないこと」を指すのだろうが、果たしてそれで十分なのか。

加えて、「他者の自由を侵害しないこと」は当然だとしても、個人の行動は意図せぬ形で多方面かつ多次元に影響を及ぼし得る。「甲の損は乙の得」ではないが、いかなる他者の自由も全く侵害しない行動というのは稀《まれ》ではないのか。時間（世代）や空間（地域）を跨《また》いだ影響まで考えると尚更《なおさら》だ。もしそうであるとすれば、「個人の権利」ないし自己所有権に一定の歯止めをかける価値基準が必要にも思える。

つまり、リバタリアンが重んじる基本原理の先に、自由で、公正で、自生的な秩序を本当に描けるのか、一抹の不安を禁じ得ないということだ。自由は不自由へと容易に転じ得る。

とはいえ、その思想的営為を無下に否定するのは不誠実に思える。貧困や弱者への支援を含め、私たちは往々にして現実社会における「影」や「負」への対応を政府に丸投げしてはいないか。そして、政府を批判することで私たち自身の「他者への責務」から逃れ、自らを道義的高みに置こうとしてはいないか。他者への想像力を取り戻すうえでも、政府の役割や権限について根本的な再考を促すリバタリアンの試みには価値がある。

加えて、特定の集合的アイデンティティや価値基準を個人に強要しないリバタリアンの姿勢にも共感を覚える。これは一見、当然のことかもしれないが、他者を自己の目的達成の道具のごとく扱う論理や力学が跋扈《ばっこ》する現代世界にあっては、決して必然とはなっていない。

ところで、リバタリアニズムは近年、やや異なる文脈で注目を浴びている。それは「リバタリアン・パターナリズム」という概念で、個人に自由に選択させているようで、実は一定の方向に判断や行動を誘導——「ナッジ」(nudge＝ひじで軽くつつく)——することを指す。カフェテリアでサラダをメニューの最初のほうに配列して目につきやすくし健康への配慮を促すことや、洗面所に「いつもきれいにお使いいただき有難うございます」と記したステッカーを貼ることなどが身近な一例である。

理論的には法学者のキャス・サンスティーン(ハーバード大学教授)やノーベル賞経済学

者のリチャード・セイラー（シカゴ大学教授）らによって精緻化され、目下、公共政策への応用へ向けた制度設計が世界各地で進んでいる（サンスティーンはオバマ政権下で行政管理予算局情報・規制問題室〔ＯＩＲＡ〕の室長を、妻のサマンサ・パワーは国連大使を務めた）。

自由至上主義と父権的干渉主義を両立させようとする点が特徴だが、そのどちらに着目するかによってリバタリアンの間の評価は分かれる。「見えない統制」を回避するための議論も盛んに行われている。もちろん、リバタリアニズムそのものは「リバタリアン・パターナリズム」や「ナッジ」よりも広く深い概念である。

本章ではリバタリアニズムの思想的・哲学的背景について論じてきた。それでは、アメリカのリバタリアンは実際の政策現場において、具体的に何を重視し、どう行動してきたのか。トランプ政権と如何に向き合っているのか。言うまでもなく、現場は必ずしも思想的な整合性や哲学的な厳密性をもって動いているわけではない。

次章は首都ワシントンへと向かいたい。

第4章　「アメリカ」をめぐるリバタリアンの攻防

フリーダムフェストにて．北朝鮮の自由を訴えるNPOのブース

1　アレッポって何？

レーガン大統領は英雄か？

ロナルド・レーガン大統領は共和党にとって神聖不可侵の存在である。党内の主流派（穏健派）と保守派の和合に成功し、それまで約半世紀続いた「リベラル（＝大きな政府）の時代」から「保守（＝小さな政府）の時代」へとアメリカの政治潮流を大きく転換した。

一八六一年のエイブラハム・リンカーン大統領の就任を機に「リンカーンの政党」となった共和党は、一九八〇年代の「レーガン革命」によって「レーガンの政党」となった。今日でも大統領選挙ともなれば、候補者はレーガンを自らの英雄として挙げ、その正統な後継者に自らを連ねようとする。

二〇一六年の大統領選で党内の「異端児＝アウトサイダー」として主流派と保守派の双方

レーガンと握手する若き日のトランプ
出所：White House/ Ronald Reagan Presidential Library

と激しく対立したドナルド・トランプ大統領にとってすら、レーガン批判はあまりにリスクが高かった。「レーガンは若い頃、かなりリベラルな民主党員だった。だが、やがてかなり保守的になり、そして偉大な大統領になった」と称《たた》え、政治的に「進化」(evolution)したレーガンの姿に自らを重ね合わせた。

それどころか、民主党のバラク・オバマ大統領も「リチャード・ニクソンやビル・クリントンもできなかった方法で、レーガンは米国の「軌道」(trajectory)を変えた」と評価し、党内から顰蹙《ひんしゅく》を買ったほどだ。

しかし、自由市場・最小国家・社会的寛容を重んじるリバタリアンにとって、レーガンは必ずしも英雄ではない。確かに「政府が問題を解決するのではない。政府こそが問題なのだ」と一九八一年の就任演説で喝破したレーガンへの期待は大きかった。①規制緩和や減税など自由放任主義的な経済政策、②政府ではなく教会やコミュニティを中心とした社会秩序や倫理規範の重視、③共産主義体制の否定、のいずれもリバタリアンの基本的態度と重なる。

とはいえ、レーガン政権下で、

・「双子の赤字」（財政収支と経常収支の赤字）が放置された。
・関税や輸入制限が強化された。
・所得税は軽減されたが、社会保障税は加重された。
・軍事予算が増大し、軍産複合体が肥大化した。
・キリスト教保守派の影響を強く受け、公立学校における祈禱《きとう》の義務化や人工妊娠中絶の禁止に積極的だった。
・反共ナショナリズムを煽り、軍拡・介入路線を推進した。

こうしたことなどへの批判は根強い。つまり、通俗的なイメージとは異なり、実のところレーガンは政府による関与や介入の度合いを増強し、リバタリアンが重んじる「個人の自由」を縮減させたというわけだ。

リバタリアンとしてのゴールドウォーター

もちろん、レーガンその人が問題なのではない。一九六四年の予備選で共和党のバリー・ゴールドウォーター上院議員は「共和党と民主党には違いがほとんどない」と党内の主流派を挑発し、党の候補者指名を獲得、本戦では民主党のリンドン・ジョンソン大統領に大敗したものの、「保守政党」としての共和党のアイデンティティを模索した。

古典的自由主義者のミルトン・フリードマンを経済ブレーンに迎える一方、同性愛や人工妊娠中絶の権利を擁護するなど、ゴールドウォーターはリバタリアニズムと親和性の高い政治家だった。政府主導の公民権法案には反対したものの、人種差別には一貫して批判的。ネイティブ・アメリカンの歴史を「アメリカ最大の悲劇」と称した。「保守のゴッドファーザー」というイメージとは異なる。

もっとも、外交政策に関しては「反共右翼」の強硬派だったことは確かで、この点でリバタリアンの評価は分かれる。

前章2節で述べたように、無政府資本主義者のマレー・ロスバードは、反共を口実にした政府権力の肥大化を危惧する立場から、ゴールドウォーターを強く批判した。かたや、反共思想に傾倒していたアイン・ランドにとってはまさに理想に近い政治家であり、積極的に支

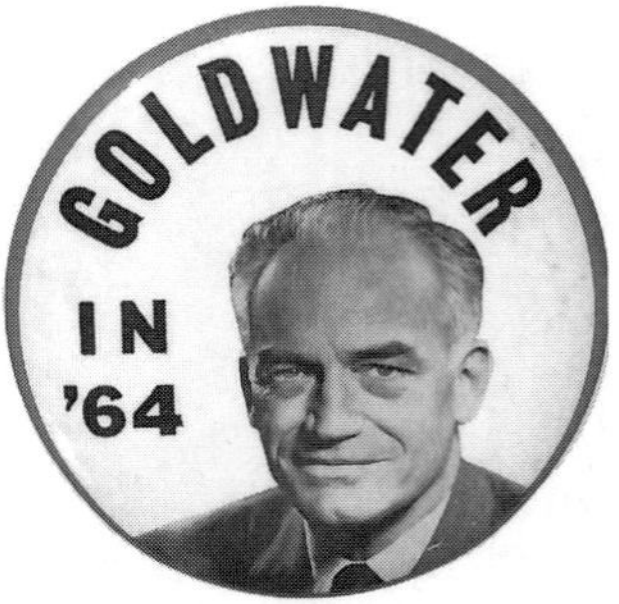

ゴールドウォーターの選挙キャンペーン・バッジ

持した（逆に、神の存在を否定したランドはレーガンとキリスト教保守派の距離の近さを毛嫌いした）。リバタリアン党の創設者デヴィッド・ノーランも、「共和党がゴールドウォーターの考えに忠実だったなら、リバタリアン党は不要だったろう」と述懐している。

ノーランが一九七一年に同党を結成した直接の契機は、リチャード・ニクソン政権によるベトナム戦争や徴兵制の継続、金本位制の停止や物価・賃金規制への反撥だった。当然ながら、ニクソン大統領への評価は厳しい。

同党ではロスバードがブレーンを務めた。ノーラン自身はゴールドウォーターを評価しているが、党としては軍事的強硬路線ではなく不干渉主義を採った。共産主義を否定する点は同じだが、あくまで「個人の自由」という理念の力――いわば「ソフト・パワー」――によって淘汰できると考えたのである。

四六ドルの下着

二〇一八年二月、そのリバタリアン党の本部を訪れることができた。首都ワシントンの中

リバタリアン党本部（右）とウェス・ベネディクト事務局長

心部から地下鉄で約三〇分。ポトマック川に面する港町アレクサンドリア（ヴァージニア州）の一角、観光客で賑わうオールドタウンの端に位置する。

といっても、煉瓦《れんが》造りの二階建てコンドミニアム一棟をオフィスに転用した慎ましいもので、共和党や民主党の党本部とは比較にならない。危うく民家と見紛うところだった。

アメリカで三番目に大きい政党とはいえ、弱小政党であることに変わりはない。現実的なリバタリアンの多くは二大政党に属し、その「内側」から党の綱領や候補者に影響を与える道を選択する。リバタリアン党に集うのはいわば筋金入りのリバタリアンだ。彼らの目にワシントン政治はどう映っているのか。

党全国委員長のニコラス・サルワク氏が地元（アリゾナ州フェニックス市）の市長選に出馬中で不在のため、事務局長のウェス・ベネディクト氏が応対してく

ニコラス・サルワク党全国委員長．2018年夏のフリーダムフェストで面会できた

れた。テキサス州のリバタリアン党支部を大きく発展させた手腕を買われ、二〇〇九年から同職にある。

「レーガンの後、父ブッシュは公約破りの増税を行い、子ブッシュはアフガニスタンとイラクで戦争を始め、金融危機の際には巨額の不良資産救済プログラム（TARP）を実施しました。共和党の掲げる「小さな政府」などスローガンに過ぎません。嘘《うそ》だと思うなら、共和党が支配している州や郡の予算を調べてみてください。人口変化やインフレ率などを勘案しても歳出が増大しているはずです。均衡予算を実現したという点では、民主党のビル・クリントンのほうが遥かにマシです」

そう切り出したベネディクト氏だが、民主党にも手厳しい。

「以前、オースティン（テキサス州）に住んでいたとき、高級百貨店ニーマン・マーカスで男性下着が四六ドルで売られているのを見て腰を抜かしました。四六ドルですよ！　許せないのは、同店が入るショッピングモールに民主党主導のオースティン市議会が六〇〇〇万ドルもの補助金を与えていたことです。四六ドルの下着を買える金持ちのために税金を投入したのです。民主党は「弱者救済の党」などではありません」

「クリントン政権は（婚姻《こんいん》を男女間に制限する）結婚防衛法（DOMA）に署名し、同性愛者の権利を認めませんでした。第一期オバマ政権発足当時、民主党はホワイトハウスと議会の上下両院を制していました。結婚防衛法もブッシュ（子）政権下で成立した愛国者法も廃案にできたはずです。でも何もしませんでした」

「民主党が麻薬の規制強化を訴えている点も解せません。二十世紀初頭の禁酒法同様、結果的に闇市場を広げ、弱者を犯罪者にしてしまうだけです。拘禁から裁判、収監に至る膨大なコストは私たちの税金によって賄われています。民主党は弱者を救済していないどころか、徴税によって善良な市民を罰しているのです」

　要するに、共和党も民主党もスローガンと実態が大きく乖離しており、偽善に満ちているというわけだ。「両党ともに企業を補助金で支援する「企業福祉」（corporate welfare）に熱心で、政治と企業が癒着した「縁故資本主義」（クローニー・キャピタリズム）に陥っています。まさに腐敗の温床。市場本来の調整メカニズムを歪めるものです」とベネディクト氏は憤る。

「政府の暫定的な政策ほど恒久的なものはない」

社会保障制度は世代間の略奪。連邦準備制度（Ｆｅｄ）はインフレの元凶。金や銀との兌換《だかん》制度の復活。所得税や内国歳入庁（ＩＲＳ）の廃止。政府による最低賃金策定の禁止（雇用者と被雇用者の合意を尊重）。政府の諸規制は民間の格付け機関や認証制度で代替。公立学校は政府による教育の独占（私学より高コストで低品質になりがち）。教育省の廃止。（アルコールやマリファナの摂取など）特定の犠牲者を伴わない行為を「犯罪」扱いしない。死刑の廃止。党や選挙候補者に対する公的助成金や資金規制の廃止……。

ビル・ウェルド

アメリカの介入政策が反米主義と反米テロを引き起こしている。米軍は国内のアメリカ人の安全確保に専念。世界一〇〇ヵ国以上に米軍が駐留している現状は、建国時の理念を大きく逸脱。同盟関係に巻き込まれない。「世界の警察官」をやめる。政府による他国への軍事・経済支援は誤った再分配（災害時等の緊急支援は除く）。アメリカへの移住はより容易に（アメリカ人の生命や財産を明白に脅かす外国人の入国制限は認める）……。

リバタリアン党の綱領や刊行物などでしばしば目にする見解である。「政府の暫定的な政策ほど恒久的なものはない」と揶揄したのはフリードマンだが、「個人対政府」という二項対立の発想が色濃く滲《にじ》み出ている。

同党の正副大統領候補者は州ごとの予備選で選ぶのではなく、各州の代議員が一堂に会し、一日で選出する。しかも「正」が「副」を選ぶのではなく、別々に選出される。二〇一六年の大統領選では「正」がゲーリー・ジョンソン（元ニューメキシコ州知事）、「副」がビル・ウェルド（元マサチューセッツ州知事）だった。二人とも共和党からの鞍替《くらが》えだ。

ちなみにウェルド家は「ボストンのバラモン」と呼ばれる名家の一つで、先祖は一六二〇年にメイフラワー号でアメリカに移住してきた（拙著『アフター・アメリカ』参照）。ボストン留学中、私はウェルド知事の通訳を何度か務めたことがあるが、同性愛者の権利、人工妊娠中絶、マリファナ解禁を支持するなど、共和党にもかかわらず、社会的に極めてリベラルな姿が印象的だった。一九九七年にクリントン大統領によってメキシコ大使に指名されたが、「リベラルすぎる」として保守強硬派のジェシー・ヘルムズ上院外交委員長（共和党）によって指名辞退に追い込まれた。

長年、大統領選におけるリバタリアン党の一般得票率はわずか〇・五％前後だったが、近年は増加傾向にあり、二〇一六年は過去最高の三・二八％を記録した。もっとも、ジョンソンが全米の注目を集めたのは一度だけ。報道番組で内戦が続くシリア北部の都市アレッポに

「政治的デュオポリー」に反対するNPOのパネル

ついて聞かれた際、「アレッポって何？」と答えたときだ。あまりの無知ぶりに党内からも嘲笑《ちょうしょう》された。

後日、ジョンソンは「番組の二日後にシカゴ大学で外交政策に関する重要な演説を行ったが、メディアはどこも取り上げてくれなかった」と語り、アメリカの二大政党制の弊害をしばしば批判するメディアそのものが「政治的デュオポリー」（二大政党による独占）を助長していると批判した。

しかし、共和・民主両党の得票率の差が二・一ポイントだったことを考えれば、弱小政党とはいえ影響力は皆無ではない。とりわけ選挙結果を大きく左右した中西部のミシガン州やウィスコンシン州では共和党のリードはそれぞれ〇・二ポイント、〇・八ポイントに過ぎなかったのに対し、リバタリアン党は両州ともに三・六％を獲得している。リバタリアン党支持者がわずかに民主党に流れていれば異なる結果になっていた。

もちろん、これは「党」としての数字であって、各種データを分析したリバタリアン系の代表的シンクタンク、ケイトー研究所の二〇一七年の報告書は有権者に占めるリバタリアンの割合を一〇～一二％と概算している。

ちなみにジョンソンによると、選挙戦終盤にミレニアル世代の間でリバタリアン党への支持が急増していると『ニューヨーク・タイムズ』紙が報じるやいなや、危機感を抱いた民主党のヒラリー・クリントン陣営が二〇〇以上の「フェイクサイト」を作り、ジョンソン陣営に猛烈な中傷攻撃を仕掛けてきたという。

ケイトー研究所

ケイトー研究所はリバタリアン党と最も関係の深いシンクタンクである。党結成の三年後、コーク一族の地元・カンザス州ウィチタで、チャールズ・コークとロスバード、そして党全国委員長エド・クレーンによってチャールズ・コーク財団として創設された。アメリカ独立戦争に影響を与えた十八世紀イギリスの随筆「ケイトーの手紙」にちなんで一九七六年にケイトー研究所へと名称を変更（ケイトー〔小カトー〕は共和主義者で、帝政を企図したカエサルのライバル）。翌年、サンフランシスコに、そしてレーガン政権が発足した八一年に首都ワシントンに移転した（その際、コークによってケイトーの理事を解任されたロスバードが新設のミーゼス研究所に移ったことは第2章2節で述べた）。

ケイトーの二〇一七年度の収入は約三七〇〇万ドル、支出は約三一〇〇万ドル、純資産は約八五〇〇万ドル。収入の八割は個人寄付で、残りが財団や企業からの寄付と事業収入。政

ケイトー研究所

府からの資金は一切受け取っていない。事務局を含め、専任スタッフは約一六〇人。加えて客員研究員などが約一四〇人いる。全米最大級の総合系シンクタンク、ブルッキングス研究所に比べると予算規模は約三分の一、外交・安保系の戦略国際問題研究所（CSIS）よりもやや小ぶりだが、全米有数であることは間違いない。二〇一八年一月にペンシルベニア大学が発表した「世界のシンクタンクランキング」（2017 Global Go To Think Tank Index Report）では世界一五位、国内一〇位に位置している。驚異的な躍進と言ってよいだろう。

首都に位置していることもあり、外交・安保系のフォーラムや報告書も多い。海外における米軍の過剰拡張を懸念する立場から、日米同盟に関しても日本側のさらなる負担共有を求めている。その意味で、二〇一六年三月から施行された日本の平和安全法制を前向きに評価しつつも、米軍のプレゼンスを漸次《ぜんじ》縮小し、海軍・空軍を主体に再編しつつ、日本の自主防衛を促すよう提唱している。同盟強化を重視するアメリカの政策エリートとは正反対の立場だが、同盟関係の解消や日本の核武装を訴えていた九〇年代半ばと比べると穏健化しているとも言える。

ワシントンにおいてブルッキングスやCSISは中道系で、共和・民主両党の政権に対する政府高官の供給源になっている。加えて、ジョージ・ブッシュ（子）政権ではアメリカン・エンタープライズ研究所（AEI）、オバマ政権ではアメリカ進歩センター（CAP）からの登用が目立った。それに対してケイトーからの政治任命は稀だ。ケイトーのデヴィッド・ボアズ副所長によると「設立当初から、権力そのものを目指すよりも、むしろ権力のあり方に一石を投じることを重んじている」とのこと。この点はリバタリアン党の存在意義に関するベネディクト氏の矜持と重なる。確かに、権力に懐疑的なリバタリアンが権力を得ることに汲々《きゅうきゅう》とするのは奇妙だ。ボアズ氏自身、これまで学校選択の自由化や麻薬解禁などを訴える論陣を張り、いわば「アイデア」を通して政策論議の幅を広げてきた。

ちなみに保守系のニュースマックス・メディアなどが二〇一七年に一万人以上のリバタリアンからの回答を基に行った影響力調査で、ボアズ氏は一五位、ケイトーの創設者クレーン氏は九位にランクインしている。一位はロン・ポール、二位は息子のランド・ポール、コーク兄弟が五位・六位を占めている。日本でも馴染《なじ》みのある人物としては、スティーヴ・フォーブス（『フォーブス』誌の発行人、一〇位）、クリント・イーストウッド（俳優、二三位）、アーサー・ラッファー（レーガノミクスを支えた経済学者、三七位）、ニーアル・ファーガソン（歴史学者、五六位）などの名もある。

動画やポッドキャストなどソーシャル・メディアをフル活用している点や、次世代の人材育成事業を積極展開している点は、他のリバタリアン系シンクタンクと同じだ。とりわけ年に五、六回主催する三日間のセミナー「ケイトー大学」（Cato University）は有名。私も二〇一八年八月にカリフォルニア州サンディエゴ郊外のゴルフ・リゾートで開催された「歴史と哲学のカレッジ」に参加した。全米から老若男女一〇〇人ほどが集い、朝から夜まで思想史やアメリカ史に関する講義や討論が行われた。参加費は一人約七〇〇ドル（宿泊費を除く）と格安で、学生向けの奨学金も充実している。食事やサービスの質も高く、ケイトーの懐具合の良さを実感した。

ケイトー大学の「歴史と哲学のカレッジ」

医師や弁護士など高度プロフェッショナルの参加者も多く、二〇〇〇年には米オーディオ協会の重鎮キャシー・ゴーニックも同様のセミナーを受講した。彼女は保護主義色の強い電気業界の自由化を唱えるようになり、ブッシュ（子）大統領にも直談判したという。

リバタリアンの聖地

ケイトーよりさらに次世代の若者に対する普及に積極的なのが、「マルカタスセンター」と「人文学研究所」（IHS）だ。前者が政策研究中心、後者が教育中心という違いこそあれ、どちらもワシントン郊外のジョージ・メイソン大学内の同じビルに拠点を置く姉妹組織である。ともにコーク財団からの支援を受け、一九八〇年代から同大に合流。両者を合わせた予算・人員規模はケイトーを上回る。学生との接点が多いのは大学付設のシンクタンクならでは。オーストリア学派、ヴァージニア学派、新制度学派など経済学の理論を基にした学術的な分析や提言が目立つ。あえて外交・安保は扱わず、財政や規制緩和、医療保険、移民など内政に特化している。かつてジェームズ・ブキャナンが教鞭を執るなど、同大を高等教育における「リバタリアンの聖地」と称する向きもある。

同大の近くにある司法研究所（Institute for Justice）はリバタリアン系の法律家約五〇人を擁するシンクタンク。やはりコーク財団の支援を受け、九一年に創設された。主に、政府による土地収用や民事没収に対する係争、学校選択の自由化推進を中心に活動を展開している。上席弁護士のジェフ・ロウズ氏によると、同研究所では「憲法の厳格な解釈」に力点を置いているという。共和党（保守派）が民主党（リベラル派）を批判する常套句のようにも聞こえるが、その保守派にも批判的だ。「ブッシュ（子）政権の頃から司法積極主義が一層顕著になり、政治的解釈が強くなりました。現在の最高裁判事の多くはその影響を受けています。ただ、そうした政治色や党派色を危惧する若者も多く、合理的解釈を重んじるリバタリアン流の司法関与への追い風を感じます」。

ちなみにロウズ氏は日本のJETプログラム（語学指導等を行う外国青年招致事業）のOBで、九〇年代半ばの二年間を栃木県で過ごした。その後、ハーバードの法科大学院を修了し、連邦控訴裁を経て、現在に至る。「ここにはウォール街で働けば年収二〇〇万ドルくらい稼げる一流の弁護士が揃《そろ》っています。研究と実務の両方を経験でき、法律事務所よりもワーク・ライフ・バランスも保ちやすいので人気の職場です」と誇らしげだ。「日本では優秀な大学生が公務員を目指していることに驚きました」と流暢《りゅうちょう》な日本語で語ってくれた。

「センター」の時代の終わり？

ワシントンとその近郊には、こうしたリバタリアン系のシンクタンクが六〇以上ある。業界内の人的移動も活潑だ。例えば、ケイトー大学の代表を務めるトム・パルマー氏はオクスフォード大学で博士号取得後、人文学研究所の副所長を経て、現在、「アトラス・ネットワーク」（AN。旧・アトラス経済研究財団）の副所長を兼務している。同組織は国内外でリバタリアン系組織の設立を支援し、世界九五ヵ国、四八二の組織とパートナー関係にある。創設者はハイエクらがスイスで立ち上げた「モンペルラン協会」（MPS）の会員。そして、同協会の現会長はマルカタスセンターのピーター・ベッキー教授だ。

シンクタンクばかりではない。例えば、「自由のための学生」（SFL）——学生組織とはいえ年間予算は四〇〇万ドル（!）——が毎冬ワシントンで開催する大会（リバティコン、LibertyCon）には約一五〇〇人、「経済教育財団」（FEE）の元所長マーク・スコーセンらが毎夏ラスベガスで開催する祭典（フリーダムフェスト、FreedomFest）には約二五〇〇人がそれぞれ集う。私は双方に参加する機会を得たが、どちらも一〇〇以上のセッションがあり、自ずと人脈は広がる。顔馴染みも増え、リバタリアンという名のコミュニティに属している感覚になる。

リバタリアン系組織の活潑な活動に印象づけられた旨をマルカタスセンターのダニエル・ロスチャイルド事務局長に伝えた。すると、「ただ、今の時代、「組織」を単位に活動してゆく手法は古くなっているとも感じています。ティーパーティ（茶会）、ウォール街占拠、ブラック・ライヴズ・マター（反黒人差別）、#MeToo（セクハラ告発）などの「うねり」や、ブロガーやユーチューバーのような「個人」の力がますます大きくなっています」との返事。確かに、政治的インフラというとシンクタンクや財団、メディアなどの「組織」に着目しがちだが、今後は特定の「中心」に依拠しない影響力のあり方が問われてゆくかもしれない。「センター」の時代は終わりつつあるのか。

ところで、ケイトー大学やリバティコン、フリーダムフェストなどでも、やはり参加者の大きな関心の的はトランプ大統領だった。毀誉褒貶の激しい同氏の擡頭と手腕、そして政策を彼らはどう捉えているのか。

次節では今日のアメリカを象徴する「トランプ」というアイコンを通して、リバタリアンの世界をさらに探ってみたい。

2 アメリカのムッソリーニ

「トランプの党」に変貌する共和党

二〇一八年初の冬を私はワシントンのウィルソンセンターで過ごした。アメリカ議会が一九六八年にスミソニアン学術協会の下に設置した総合・中道系のシンクタンクで、ウッドロー・ウィルソン――博士号（Ph. D.）を有する唯一のアメリカ大統領――にちなんだ大統領記念施設の一つでもある。

ドナルド・トランプ政権発足から約一年。

少しでも街の変化を感じ取るべく、連邦議会のすぐ裏にアパートを借り、公聴会やセミナーに足繁く通った。通りの反対側にはトランプ政権の「影の大統領」とも称されたスティーヴン・バノン（元大統領首席戦略官兼上級顧問）が住んでいたが、同氏の極右（オルト・ライ

保守政治行動会議．登壇者はトランプ大統領

ト）的な言動を嫌う近隣住民は立ち退きを求めていた。

そのワシントンの街はいつになく静かに思えた。

政策エリートは大学やシンクタンクで侃々諤々《かんかんがくがく》の議論を繰り広げているが、総じて政権から疎《うと》んじられていることもあり、どことなく嘆き（恨み？）節に聞こえる。民主党はトランプ批判に躍起だが、議会少数派ゆえ、無力感は否めない。共和党もベース（コアな支持層）の圧倒的なトランプ人気を前に面従腹背を強めている。皆、トランプの資質や手法に違和感を抱きながら、やり場のない虚無感に囚われているようだった。

その一方、ワシントン郊外で毎冬開催さ

れる全米最大の保守派の祭典「保守政治行動会議」（CPAC）を覗《のぞ》いてみると、オルト・ライト系の登壇者がやけに多い。フランスの極右政党「国民連合」（旧・国民戦線）のマリーヌ・ルペン党首の姪《めい》マリオン・マレシャル＝ルペン議員やイギリスの欧州連合（EU）離脱を先導した「英国独立党」の元党首ナイジェル・ファラージらまで招待されていた。今回はトランプ氏が三年ぶりに参加したこともあり、全体的にトランプ礼讃色が強い。オルト・ライトを批判し、またトランプ氏をも批判した保守派の女性論客は聴衆から激しいブーイングを浴びていた。「リンカーンの党」から「レーガンの党」へと変わった共和党は今や急速に「トランプの党」になりつつある。

ペイリオコンと「アメリカ第一主義」

もっとも、トランプ氏が「保守」か否かは判断の分かれるところだ。最高裁判事の人事や大幅減税、規制緩和などの施策に関しては共和党内からの賛同も強く、ひとまず「保守」と言えよう。しかし、移民や貿易、外交・安保などについては従来の共和党の立場をかなり逸脱している。

その独特な姿勢はしばしば「ペイリオコン」（原保守主義者、paleocon：paleoconservative の短縮形）に分類される。「黄金の五〇年代」と称される第二次世界大戦後の社会を、回帰すべき未来と捉えるのが特徴だ。アメリカが戦後の繁栄を謳歌し、公民権運動以前の、白人のミドルクラス（そしてキリスト教）中心の社会秩序を維持していた時代。ベトナム戦争に拘泥し、国家の威信を失う前の時代でもある。

その黄金期の再来を阻む要因として、グローバル化（移民の流入や自由貿易）や国際関与（同盟関係や多国間枠組み）が疑問視される。従来の共和党の立場に比べると反移民、反多文化主義、経済ナショナリズム、不干渉主義の傾向が強い。

そして、それはトランプ氏の掲げる「アメリカ第一主義」とかなり符合する。大きな違いがあるとすれば、ペイリオコンが軍備増強に批判的——それゆえ「ネオコン」（安保保守）と対立する——なのに対し、トランプ氏は積極的という点であろうか。

ペイリオコンの思想的源流は二十世紀の南部農本主義やカトリック伝統主義など多岐に及ぶが、政治的には冷戦時代末期から顕在化してきた。共和党（一九九二年、九六年）や改革党（二〇〇〇年）から大統領選に出馬したパット・ブキャナンがその代表格だ。バノンやスティーヴン・ミラー（大統領上級顧問兼スピーチライター）もペイリオコンに位置づけられることが多い。

しかも、トランプ氏の場合、単にペイリオコンに近いというだけではなく、ロシアのウラジーミル・プーチン大統領や中国の習近平国家主席、あるいは北朝鮮の金正恩委員長のごとき権威主義体制の指導者を高く評価する傾向がある点で、従来のアメリカの政治家と大きく異なる。

加えて、自らを絶対視し、批判や異論を認めない姿勢や、つねに世間の関心の的であり続けようとする態度は歴代大統領のなかでも突出している。米『タイム』誌(二〇一八年六月十八日号)は「私を王様にしたまえ」(King Me)という見出しを付したトランプ氏の鏡像を表紙に掲げた。憲法で貴族の称号の授与を禁じている共和国アメリカにあって、これはかなり辛辣な諷刺《ふうし》と言えよう。

『タイム』の表紙「私を王様にしたまえ」(King Me)

「独裁制への小さな一歩」

自由市場・最小国家・社会的寛容を重んじるリバタリアンにとって、こうしたトランプ流の「アメリカ第一主義」や統治手法は大いなる不安を掻《か》き立てるものだ。

保守系の『ナショナル・レビュー』誌は、二〇一六年の大統領選で「トランプ旋風」が共和党内の予備選を席捲し始めた二月に「トランプ反対」（Against Trump）と題する特集を組み、著名な論客二〇人以上の反対理由を掲載した（二月十五日号、ウェブ版は一月二十二日）。そこには宗教右派のカル・トーマスやネオコンのビル・クリストル、ロナルド・レーガン政権の司法長官エドウィン・ミースらと並んで、ケイトー研究所のデヴィッド・ボアズ副所長の寄稿文もあった。

ボアズ氏は自らをあくまで「リバタリアン」と捉えており、宗教保守や安保保守には批判的だが、企画の趣旨に賛同し、次のように論じた。


リバタリアンの立場からすると――真剣な保守やリベラルも同意してくれると思いますが――アメリカの伝統や建国の理念に対するトランプの最大の罪は、彼の土着主義（nativism）と独裁（one-man rule）を約束している点にあります。

ジョージ・ウォレス（註：アラバマ州知事を四期務め、一九六八年にアメリカ独立党から大統領選出馬）以来、特定人種や宗教をスケープゴート化して選挙戦の中心に据えた大統領候補はいませんでした。トランプはメキシコ人の強姦魔《ごうかんま》の話で選挙戦を始め、彼らの集団国外追放やイスラム教徒の入国禁止、モスク閉鎖、アメリカを囲う壁建設をぶちあげました。アメリカが例外的な国なのは、そうした偏見を超越し、生命と自由、幸福の追求をすべての人に保障してきた点が大きいのです。同様に、彼の大統領職に対する考え方も不快です。自分こそがワシントンに乗り込み、愚かな連中をクビにし、最良の人間を雇い、あらゆる問題を解決できる白馬に乗った男そのものだと請け合っています。彼が政策や議会との協力について話すことはありません。事実上、アメリカのムッソリーニとなり、ホワイトハウスに権力を集中させ、命令によって統治すると誓っているのです。過去一六年間の行政府による権力濫用すら慎ましく見えてしまうほどの構想です。（ウェブ版から拙訳。https://www.nationalreview.com/magazine/2016/02/15/conservatives-against-trump/）

ボアズ氏の懸念はリバタリアンの間で広く共有されているが、より根深い批判として印象的だったのは、第2章1節で紹介した「アイン・ランド協会」（ＡＲＩ）のオンカー・ゲート上席研究員の「独裁制への小さな一歩」（"One Small Step for Dictatorship"）という論考である。トランプ氏の当選直後にホームページに投稿されたものだ。

ゲート氏は「トランプ旋風」を説明する際に評論家がしばしば引用した「トランプが発言すると、プレスは字義通り受け取るが、真面目には受け取らない。彼の支持者は真面目に受け取るが、字義通りには受け取らない」という一節に注目。元々は米『アトランティック』誌（二〇一六年九月二十三日号）の女性ジャーナリストが用いた表現だ。

ゲート氏は「これこそまさにトランプ陣営が支持者に望んでいること。これこそまさにあらゆる独裁者が望んでいること」としたうえで、同年一月のアイオワ州での選挙集会の一幕を紹介した。

ドナルド・トランプは半分冗談で「私には最も忠実な支持者がいる……私が五番街の真ん中に立って誰か（移民？　ジャーナリスト？）を撃っても、私に投票してくれる人は全く減らないだろう。信じられないことだよ」と言ったのです。聴衆は笑っていましたが、笑い事ではありません。トランプは自分に対する政治的支持の特殊性をおそらく他の誰よりも理解していました。自分たちのためならいかなる言動も厭《いと》わない指導者を渇望する人びとに対して、彼はその役割を担うと約束したのです。より多くの民衆が独裁者を歓迎するときはこうなるものです。（拙訳、カッコ内はゲート氏自身による。https://ari.aynrand.org/blog/2016/11/17/one-small-step-for-dictatorship)

ゲート氏はトランプ氏を批判すると同時に、民衆の側にも独裁者を待望する素地があると警鐘を鳴らした。

ローティの慧眼

こうした「素地」については、これまでもさまざまな指摘がなされてきた。

例えば、その歴史的背景の説明としては、歴史学者リチャード・ホーフスタッター（コロンビア大学教授）が一九六四年に発表した論考「アメリカ政治におけるパラノイア的手法」（"The Paranoid Style in American Politics"）が有名だ。アメリカでは、左右を問わず、反エスタブリッシュメントの感情に基づく「激しい誇張、疑念、陰謀論的空想」が、まるで一種の強迫観念のごとく、断続的に政治を突き動かしてきたことを説いた。トランプ氏本人も荷担した「バラク・オバマ大統領はアメリカ生まれではない」と煽動するバーサー（Birther）運動はその好例と言えよう。オバマは二〇一一年に出生証明書を公表したが、一六年八月の時点で共和党支持者の七二％が依然としてそれを信用していなかった。

次に、社会的背景の説明としては、哲学者リチャード・ローティ（スタンフォード大学教授）が一九九八年に発表した『アメリカ未完のプロジェクト』（*Achieving Our Century*）が挙げられよう。

労働組合のメンバー、あるいは組合に入っていない低スキルの労働者たちは、ある日気づくときが来るだろう。彼らの政府は賃上げをすることもないし、雇用の海外流出を防ぐこともしないと。そして、郊外に住んでいる白人のミドルクラスたちは、彼らのために税金を負担しようとも思わなくなると。そのとき、社会のシステムにヒビが入る。その裂け目でいかなる事態が生じるのか。高給取りや官僚、ポストモダンのインテリといったエリートたちの思う通りには社会を運営させないというメッセージを発する指導者が突然現れ、労働者の怒りのはけ口として求心力を持つようになるだろう。そのとき、アメリカ社会は過去四〇年間の成果を失い、マイノリティや女性の権利などが一気に後退していく……。そう論じた同書は「トランプ旋風」の予言の書として、選挙後アメリカの論壇で話題になった。

加えて、この「素地」については、アメリカのみならず世界の同時代的背景を考慮する必要もあろう。政治学者スティーヴン・レヴィツキー（ハーバード大学教授）らは民主的手続きを踏みつつも、特定政党や政治指導者が権力支配を強める政治体制を「競争的権威主義」(competitive authoritarianism) と称した。トランプ氏のアメリカのみならず、程度の差こそあれ、トルコやポーランド、カンボジア、フィリピンなど多くの国々を覆いつつある現象とも言える。グローバル化に伴う社会変動や不確実性への不安が、より「強い指導者」への渇望を助長しているのだろうか。

「「アメリカ第一主義」ならもっと移民を」

二〇一八年一月に行われたトランプ氏の一般教書演説を私はケイトー研究所でライブ視聴

したが、研究所スタッフの反応は総じて辛口だった。

「「財政均衡」という言葉を一度も使わなかった」

「「我々が雇用を創出した」と豪語しているが間違い。むしろ政府の干渉にもかかわらず民間が創出したのだ」

「米国旗は国家への不同意をも認める自由の象徴。（アメフト選手が）国歌斉唱時の起立を拒否するのも自由だ」

「「アメリカ第一主義」ならもっと移民を受け入れるべき。移民はアメリカに多大の恩恵をもたらしている」……


トランプ政権への不満や懸念を深めるなか、近年、ケイトー研究所を含め、リバタリアン系のシンクタンクが熱心に取り組んでいる政策課題としては、例えば、深刻化するオピオイド（麻薬系鎮痛剤）の過剰摂取問題がある。二〇一六年には四万二〇〇〇人以上が死亡しており、トランプ氏も高い関心を示している。政府は規制強化の一環として処方箋《しょほうせん》の厳格化を打ち出しているが、リバタリアン系の専門家は総じて懐疑的。問題の核心は医療を目的としない者によるヘロインやフェンタニルの闇市場での売買であり、処方箋の厳格化は医師と患者の選択肢（＝自由）を狭めるだけというわけだ。

あるいは、アメリカの港湾間の物資輸送をアメリカ国籍かつアメリカ人の船員が乗り組むアメリカ製の船舶に制限するジョーンズ法（一九二〇年商船法）。リバタリアンは海運コストを高め、クルーズ分野などでアメリカの競争力を弱めている時代遅れの保護主義的慣行として、同法の廃止ないし修正を求めている。だが、アメリカ人の雇用保全と国家安全保障を盾にとる海事産業の激しい抵抗にあっている。ちなみに、二〇一七年九月、トランプ氏は大型ハリケーンにより壊滅的被害を受けたカリブ海の米自治領プエルトリコへの国際支援を可能にするため、同法の一時的な適用免除を発表した。しかし、その前月のテキサス州のハリケーン被災時に比べて救援対応の発令が遅く「差別的」との批判が相次いだ（プエルトリコの島民が大統領選への投票権を持たず、かつ中南米系主体だからという説もある）。

選挙戦当時からトランプ氏は米軍の在外兵力の縮小を訴えてきたが、この点はリバタリアンの主張と重なる。例えば、ケイトー研究所では余分な基地の廃止や整理統合（BRAC）の早期検討を議会に求めている。国防総省も余分な基地や施設が一九％あると試算しており、ジェームズ・マティス国防長官も強制削減や暫定予算状態の早期解消を訴えているが、選挙区内の雇用や税収への影響を懸念する議員に拒まれ続けている。同研究所によると、基地の閉鎖は一時的には周辺地域に混乱をもたらすものの、ほとんどの場合、基地（＝政府）への依存状態から脱却し、産業と経済の多様化を実現するという。

無論、他にも政策課題は多い。現実政治との多少の妥協はやむを得ないとしても、総じてリバタリアンは政局よりも政策を優先する。原理原則が先走りしすぎている印象を受けるときがあるものの、忖度《そんたく》や付和雷同が支配するよりはるかに健全に思える。

フリーダムフェスト

目下、リバタリアン最大の祭典は毎夏ネバダ州ラスベガスで開催されるフリーダムフェスト（FreedomFest）。エッフェル塔のレプリカで有名なパリス・ホテルに約二五〇〇人が集う。二〇一五年にはトランプ氏も登壇したが、動画を見ると、メキシコからの参加者に国境壁計画を詰問されるなど、総じて冷淡な反応で迎えられたようだ。当時から日本との貿易赤字を問題視しており、「安倍総理はやり手（"killer"）だ。キャロライン・ケネディ駐日大使を酒や食事でもてなし、おだてている」というお馴染みの一節もすでに用いている。

私は二〇一八年の祭典に参加してみたが、展示会場にはシンクタンクのみならず、株や金、ダイヤモンド、ビットコイン、エネルギー、ハイテク製品などを扱う企業のブースが一〇〇近く並び、さながら産業見本市のような雰囲気。脱北者や性差別を扱った短編映画も三〇作品以上上映され、監督と聴衆が議論を交わしていた。

セッションも一〇〇以上あり、アイン・ランドとアダム・スミスに扮《ふん》した登壇者による討論会などユニークな企画が目を引く。「全米税制改革協議会」（ＡＴＲ、あらゆる増税に反対す

「水曜会」の公開セッション

る「納税者保護誓約書」への署名を議員や州知事に求める活動で知られる）のグローバー・ノーキスト会長は、ワシントンでは完全非公開・招待制で開かれている定例会「水曜会」の特別版を参加者向けに公開実践していた。

もちろん、フリーダムフェストには、トランプ支持者も参加している。経済面ではリバタリアンだが、社会・外交・安保に関しては保守という者も少なくない。

「トランプはレーガンよりも白人労働者の気持ちを代弁してくれている」

「トランプはムッソリーニではない。ベルルスコーニ（元イタリア首相）だ。オバマこそムッソリーニでありカストロだ」……

あるいは、経済面ではリバタリアンを自

任していても、中国との貿易戦争を擁護する者もいた。もっとも、直ちに「中国との貿易赤字よりも政府の歳出が四兆ドルを突破したことのほうが心配だ」「レーガンにも保護主義的な面があったが、少なくとも恥じらいがあった。トランプは堂々と保護主義を正当化している」と反論されていたが。

「トランプは大統領令を濫発している。議会は立法権を取り戻すべきだ」

「私のお金（＝税金）を権威主義体制のサウジアラビアに渡して、サウジがイエメンの子どもを殺害するのは許せない」

「ヨーロッパの同盟国に防衛費増額を求める前にアメリカが減額してしまえばいい」……なかには「米軍は朝鮮半島から即時撤退すべきだ」という意見もあり驚愕《きょうがく》する。

ジョージ・ウィル参上

ところで、私は二〇一八年初に学生組織「自由のための学生」（SFL）が毎冬ワシントンで開催するリバティコン（LibertyCon）にも参加したが、トーマス・マシー（共和党下院議員）やジャスティン・アマシュ（同）、スティーヴ・フォーブス（『フォーブス』誌の発行人）、ジョン・マッキー（高級オーガニックスーパー「ホールフーズ」のCEO）などの著名リバタリアンは両方の集会に招かれていた。まさに常連ゲストだ。

スティーヴ・フォーブス（左）とジョージ・ウィル

ただ、今回のフリーダムフェストで最も関心を呼んだのは保守言論界の重鎮ジョージ・ウィルが登壇したことだ。『ワシントン・ポスト』紙のコラムニストとしてリベラル派からも一目置かれる存在。プリンストン大学で政治学の博士号を取得し、三十代半ばにはその優れた論説に対してピューリッツァー賞が授与されている。

同氏はトランプ氏に対して一貫して辛口だ。二〇一六年六月には「今の共和党は私の知っている共和党ではない」と離党し、無所属に。「ヒラリー・クリントンより大きな脅威」だとして共和党員にトランプ不支持を呼びかけた。就任後も思慮なく立ち振る舞う様を「アメリカ政界のゲンゴロウ」（water beetle）と批判。近年はリバタリアニズムへの傾倒を公言しており、一七年のケイトー研究所の創立四〇周年の式典では、基調講演を行

スクリーンに映るジョージ・ウィル（舞台中央）

った。フリーダムフェストでは、トランプ政権の保護主義政策やそれを甘受する共和党を批判していた。むしろこの集会のほうが保守派の祭典CPACの従来の姿に近い印象すら覚えた。

コーク兄弟の危機感

極め付きはコーク兄弟の反応だろう。第2章2節で記したように兄チャールズはクリントン氏とトランプ氏が争う大統領選を「癌か心臓発作のどちらかを選ぶようなもの」と切り捨てた。弟デヴィッドはトランプ氏が指名受諾演説を行った共和党大会を欠席した。

しかし、トランプ陣営の選挙対策本部長だったポール・マナフォート（二〇一八年八月、脱税や銀行詐欺など八件の罪状について連邦地裁陪審で有罪評決）がインディアナ州知事のマイク・ペンスを副大統領候補としてトランプ氏に進言し、承諾されたため、コーク兄弟の態度は軟化したという。ペンス氏なら中西部と宗教保守の票が狙える。そしてコーク兄弟との関係も深い。トランプ氏にとっての副大統領候補の本命だったニュージャージー州知事クリス・クリスティは土壇場で梯子《はしご》を外される羽目になった。

さらに、トランプ氏はコーク一族の地元であるカンザス州ウィチタを中心とする選挙区選出の下院議員マイク・ポンペオ――コーク兄弟との繫がりの深さから「コーク出身の議員」とも揶揄された――を中央情報局（CIA）長官、さらには国務長官に抜擢した。ペンス氏のような宗教保守、ポンペオ氏のような安保保守はリバタリアンのコーク兄弟の立場とは異なるが、経済保守である点や個人的に近しい点は同兄弟にとって安心材料ではある。

とはいえ、コーク兄弟のトランプ氏への懸念は根深い。報復関税の影響を受ける農家への一二〇億ドルの補助金支給。移民取り締まりを強化した「ゼロトレランス」（不寛容）政策。総額一・三兆ドルに及ぶ歳出法案への署名。アメリカ国民の対立と分断を煽り、報道機関を敵視する政治姿勢……。

彼らは、一八年七月末にコロラド州の高級リゾートに政財界の有力者五〇〇人以上を集め、秋の中間選挙へ向け危機感を共有した（招待を受けるには一〇万ドル以上の寄付が必要）。コーク兄弟の関連組織は中間選挙支援に四億ドル以上を投じたが、必ずしも共和党候補に限らない方針に切り替えた。

その一方で、トランプ批判の急先鋒だったリバタリアン系のジェフ・フレーク（共和党上院議員）は政界引退に追い込まれ、マーク・サンフォード（同党下院議員）は予備選でトランプ氏が支持した対抗馬に敗れた。一六年の大統領選ではトランプ氏を「妄想だらけのナルシシストでオレンジ色の顔をしたおしゃべり」とこき下ろしたランド・ポール（同党上院議員）だが、最近は両氏の親密さが目立つ。フリーダムフェストでは政権批判を控えていたマシー、アマシュ両議員。その胸中はいかがであろうか。

第5章　リバタリアニズムの拡散と壁

リベルランド・ラベルのワインやビール（リベルランドの Facebook より）

1　越境する「アイデアの共同体」

中国のリバタリアン

自由市場・最小国家・社会的寛容を重んじるリバタリアン。彼らにとって最も相容れないのは、経済・社会の自由度が低く、政府の権限が強大な権威主義国家であることは想像に難くない。思想的位相図「ノーラン・チャート」（第3章1節）でも、リバタリアンと権威主義は対極に位置づけられている。

二〇一八年の秋を北京大学で過ごすことになっていた私はNPO「リバティ・インターナショナル」のケン・スクールランド会長の妻リー氏に連絡し、中国におけるリバタリアニズムの現状について尋ねた。中国出身の彼女は少女時代を文化大革命下で過ごし、長年、夫とともに国境を越えたリバタリアンのネットワークづくりに勤《いそ》しんできた。

その彼女から真っ先にすすめられたのは、北京にある天則経済研究所（Unirule Institute of Economics）というシンクタンク。同研究所と関わり深い学者も一〇人ほど紹介してもらった。「中国のリバタリアン」とは何やら究極の矛盾語法にも思えたが、ともあれ同じ北京大学の張維迎（Zhang Weiying）教授に面会を申し込み、快諾してもらった。

張氏は中国を代表する改革派の経済学者。一九五九年、陝西省《せんせい》に生まれ、西北大学で修士号まで修めた。在学中の八三年、利潤追求を正当化する論考を新聞に発表し、中国国内で物議を醸したが、その際、同氏を擁護したのが、のちに天則経済研究所を創設した改革派の著名な経済学者・茅于軾（Mao Yushi、現・名誉所長）だった。

八四年、修士論文で提唱した二重価格制度（政府による「計画価格」と市場による「市場価格」の併用）を会議で発表したところ、改革開放路線を進める時流と合致し、国家経済体制改革委員会の研究員に抜擢された。

その後、九〇年に英オクスフォード大学に留学し、九四年に経済学の博士号を取得。帰国後は北京大で教鞭を執り、二〇〇二年には中国中央テレビが「今年の経済学者」と賞賛、〇六年からは同大の学長補佐と光華管理学院（ビジネススクール）の学院長を兼務した。

しかし、一〇年に学院長、一二年に学長補佐の職を解かれ、一四年に同大の国家発展研究院に転籍する。学内政治が直接的な理由のようだが、胡錦濤《こきんとう》政権（二〇〇三～一三年）下で

張維迎

それまでの「国退民進」（国有経済の縮小と民有経済の増強）が「国進民退」に反転した影響もあるとされる。

張氏は〇八年のリーマンショック後の中国の大規模な金融緩和策を「薬物中毒者にモルヒネを打つようなもの」と批判。国有企業による鉄鋼などの過剰生産に警鐘を鳴らし、一一年に中国で開催された夏季ダボス会議では、政府主導の産業政策を続ける国家発展改革委員会を「愚策を講じる〝賢者〟たち」と一蹴した。国家重点大学の中核である北京大学内から、張氏の言動を懸念する声が出ても不思議ではない。一二年には『ウォール・ストリート・ジャーナル』紙（十月十二日付）が「張維迎——中国の反ケインズ派の反乱者」（"Zhang Weiying: China's Anti-Keynesian Insurgent"）という見出しで、同氏の大胆な姿勢を大きく取り上げている。

張氏とは大学に隣接するホテルで会食した。「中国では「リバタリアン」という表現は挑発的すぎます。大切なのは名称よりも具体的な政策です。政府高官を批判したり、党の方針に背くイデオロギーを掲げたりすることは危険ですが、個々の政策への反論であれば大丈夫です。「オーストリア学派」は問題ありません。規模は小さいですが、フリードリヒ・ハイエクの名を冠した中国人の経済学者の集まりもあります」と語る。

ちょうど一七年の中国共産党全国代表大会の期間中だったが、「党大会には興味ありません。習近平政権にも悲観的です。確かにミドルクラスの中国人は増大しましたが、その多くは現状肯定的で、改革には後ろ向きです。ゆっくり前進するしかありません」と続けた。

もっとも、北京で会った他の学者らによると、張氏のような著名な知識人に対しては当局は慎重に対応しているとのこと。また今後、中国経済を取り巻く環境が変わり、起業家が重視されるようになれば、張氏が再び重用されるだろうとの声もあった。

天則経済研究所の受難

天則経済研究所は一九九三年、中国人実業家の私財をもとに、茅氏を中心とする五人の経済学者によって創設された。関係者の話によると、先述したように改革開放路線が続いた江《こう》沢《たく》民《みん》時代には政府からの調査研究委託も多かったが、胡錦濤政権になってからは政府の締め付けが厳しくなり、オフィスも北京市内を転々としているとのこと。私が訪れたのは北京西部の高層住宅の一角で、市内の別の場所から移転したばかり。二〇一一年に「毛沢東を普通の人に戻そう」（把毛沢東還原成人）と題する毛沢東批判の論考を発表した茅氏の著作は一四年に発禁となり、研究所のウェブサイトは一七年一月に当局によって閉鎖されたままだった。

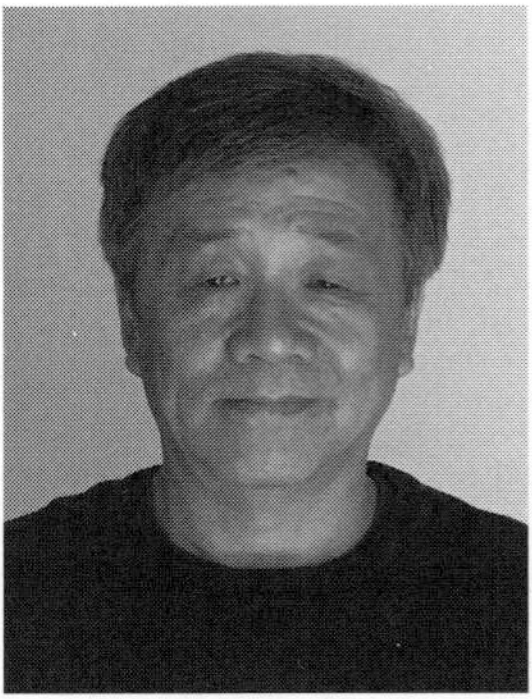

盛洪事務局長

面会に応じてくれた盛洪（Sheng Hong）事務局長は一九五四年生まれ。八三年に中国人民大学を卒業し、九〇年に中国社会科学院で博士号を取得。九三年から一年間シカゴ大学でダグラス・ノースやロナルド・コースなどの新制度論を学び、長年、山東《さんとう》大学で教鞭を執った。茅氏とともに研究所を立ち上げた一人だ。

同研究所は常勤スタッフが一二人、理事が一二人（張氏もその一人）、客員研究員などが一五〇人ほどいるという。運営はすべて寄付や起業家向け講座の受講料で賄われている。ちなみに「天則＝Unirule」とは“universal rule”、すなわち政治から経済まで網羅する普遍的な真理や法則を指す。

「政府の監視がきつくなっているので、私たちと距離を置くようになったメンバーもいますが、具体的な政策論議をしている限りは大丈夫です。最近は経済改革、医療保険、行政効率化などが中心です。毎月の勉強会には五〇～八〇名ほどが参加し、ハイエクや（ルートヴィッヒ・フォン・）ミーゼス、（エリノア・）オストロムなどの著作について議論しています。セミナー開催や出版も行っています。アメリカにとってのケイトー研究所のような存在です」と盛氏は語る。

封鎖前の天則経済研究所の玄関（左）と内部

二〇一二年、そのケイトー研究所から茅氏は自由の発展に寄与した人物を称えるミルトン・フリードマン賞を授与された。前章で触れたペンシルベニア大学による「世界のシンクタンクランキング」で天則経済研究所は世界一〇三位、国内八位に位置している。

ところが、二〇一八年七月十一日付の『ニューヨーク・タイムズ』紙は同研究所の玄関が不動産会社によって鉄格《てつごう》子《し》で封鎖されたと報じた。取材に対して盛氏は「当局から会社側に圧力があったのでは」と答えている。現在、新たなウェブサイトが開設されているが、中国国内からの閲覧には特別なソフトが必要のようだ。

「新時代の中国の特色ある社会主義」というスローガンのもと、習近平政権は「立憲主義」「市民社会」「普遍的人権」といった概念を警戒している。リー・スクールランド氏は二〇一八年七月、ネバダ州ラスベガスで開催された、リバタリアン最大の祭典「フリーダムフェスト」

(FreedomFest) で語気を強めて訴えた。「中国の若者の間ではオーストリア学派が、単なる経済理論ではなく、歴史や思想として広まっていますが、二年ほど前から当局は中国語版の出版を事実上禁止しています。ケイトー研究所のセミナーに参加予定の中国人学者は北京空港で足止めされました。国際社会への影響力という点では北朝鮮の金正恩よりも習近平のほうが危険です」。

二〇一八年十一月にはハーバード大学での会議に出席予定だった盛氏の中国出国が国家安全保障上の理由で拒否された。「もともと経済は中立的なトピックでした。しかし、この二年間で経済問題に関しては、否定的なニュース同様、議論することができなくなっています」と盛氏は同月十四日付の『フィナンシャル・タイムズ』紙に答えている。

二〇一三年には納税者意識の向上を目指していたシンクタンク「伝知行社会経済研究所」(Transition Institute) が弾圧され、一六年には改革派言論を主導してきた月刊誌『炎黄春秋』が廃刊に追い込まれている。天則経済研究所のウェブサイトには北京中心部の新住所が記されているが、いつまでオフィスを維持できるかは不透明だ。

オフィスが封鎖された二週間後の七月二十四日、同研究所は法学者・許章潤氏(清華《せいか》大学教授)の「我々の目下の恐怖と期待」(我們当下的恐惧与期待) と題する論考を掲載。習氏の名指しこそ避けたものの、指導者への個人崇拝を厳しく批判し、国家主席の任期復活や天安門事件の再評価を要求する内容で、中国内外で波紋が広がった。

好対照の香港

もっとも、同じ中国といっても特別行政区の香港はやはり違う。ケイトー研究所とフレーザー研究所（カナダを代表するリバタリアン系のシンクタンク）が二〇一八年一月に発表した「人間の自由度指数」（Human Freedom Index 2017）——個人・社会・経済などの自由を含む幅広い基準を総合したランキング——によると一五九ヵ国中、香港はスイスに次ぐ二位。それまで二年連続で首位の座に輝いている。ちなみに中国（本土）は一三〇位、アメリカは一七位、日本は二七位である。

香港の政治的自由は年々制約が増している印象を受けるが、それでも香港政府（そしてその背後の中国政府）に対する市民の抗議デモは健在。中国の電子商取引大手「アリババ集団」——創業者の馬雲（ジャック・マー）会長が習近平と近いことで知られる——の傘下に入った香港の有力英字紙『サウスチャイナ・モーニング・ポスト』も天則経済研究所の顚末《てんまつ》はきちんと報じている。

その香港には「獅子山学会」（The Lion Rock Institute）というリバタリアン系のシンクタンクがある（獅子山は香港を代表する奇岩）。北米の大学を卒業した実業家三人が二〇〇四年

獅子山学会のスタッフ

に立ち上げ、一六年からは香港の金融界で長年活躍したイギリス人、ニコラス・サルノー＝スミス氏が会長を務めている。創設者の一人、李兆富（Simon Lee）氏はアメリカを拠点とするリバタリアン系の学生組織「自由のための学生」（SFL）の香港支部の顧問でもある。

オフィスは摩天楼がそびえる金融街・中環（セントラル）の目抜き通りにある高層ビルの一角。定期的なセミナーや講演会に加え、五つ星ホテルでの年末のガラ（祝賀）ディナー（クリスマスイヴや大晦日《おおみそか》などの特別なディナー）には三〇〇人近くが集い、財政長官や香港金融管理局（HKMA、中央銀行に相当）総裁などもスピーチを行う。ふと天則経済研究所を思い出しては、あまりの落差に胸が痛む。

もっとも、オフィスは他のNPOなどとスペースを共有しており、常勤スタッフはわずか二人。データベースには一〇〇〇人以上が関係者として登録されているものの、会員そのものはわずか三〇人あまり。「政府の政策に影響を与えるよう世論に働きかけることを重視しているので、ソーシャル・メディアを通した活動が中心です。オフィスの規模は問題ではありません」とは所長の王弼（Peter Wong）氏。本業は投資会社の首席エコノミストだ。「香港はもともとリバタリアンな街でした。中国への返還後、政府が統制を強めないよう監視するのが私たちの役割です。もっとも香港では「リバタリアン」といっても理解してくれる人はごく少数なので、「自由市場（free market）を通した問題解決」という言い方をしています」とサルノー＝スミス会長は語る。ただ、議論の対象をあくまで「香港」に限るなど、北京（中国政府）を刺激しないよう慎重を期しているようだ。近年では、香港の住宅や交通、教育、医療保険、最低賃金、公務員待遇などに関して積極的に提言を行っている。一四年の香港反政府デモそのものは強く支持したものの、途中からその無秩序化を危惧し、早期妥協を訴えている。

アトラス・ネットワーク

自由を普遍的な価値と見なすリバタリアンの活動は、自ずとアメリカの外にも広がる。加えて、自由は「アメリカ例外主義」（American exceptionalism）――アメリカとは「世界の縮図」であり、それゆえ他の国や地域に外延可能な特別な存在と見なす立場――の礎石をなす価値でもある。アメリカのリバタリアンは海外とのネットワーキングにもとりわけ積極的だ。

トム・パルマー副所長

その代表格は第4章1節でも紹介したNPO「アトラス・ネットワーク」（AN）で、世界九五ヵ国の四八二の組織とパートナー関係にあり、天則経済研究所や獅子山学会も含まれる。副所長（国際担当）のトム・パルマー氏はこれまで一〇〇ヵ国以上を訪問し、茅氏との親交も深い。

「それぞれの国や地域に「自由」の伝統はあります。それを発掘し、他の国や地域の「自由」と対話を促すことが目標です。「自由」は西洋だけのものではありません。アメリカの「自由」を押し付けるのは誤りです。例えば、銃所有やマリファナ解禁はアメリカでは「自由」にかかわる重要な課題ですが、海外では必ずしもそうではないでしょう」とパルマー氏は認める。

「もっともアメリカの場合、合衆国憲法で「自由」が保障されているので、憲法に依拠した議論が可能ですが、海外では憲法で明確に規定されていない国も多く、説明するのが難しい場合もあります」「とはいえ、合衆国憲法が他国にとって望ましいとは限りません。大統領制は権力者に濫用されかねません。むしろ議院内閣制のほうが安全だと思います。アメリカの場合、建国初期にジョージ・ワシントンやジェームズ・マディソンなど優れた人物が大統領に就任したのはとても幸運でした。でも、あくまで偶然です」

アトラス・ネットワークが力を入れているのは、シンクタンクの支援と起業家の育成だ。「例えば、インドでは、長年、農民や露天商人が起業するのに年収相当の預託金が必要でした。そこで、私たちはニューデリーにある「市民社会センター」(CCS)を支援し、一昨年(二〇一六年)、この規制撤廃に成功しました。インド政府に「竹」を「草」と認定させるCCSの運動についても同じです。以来、有用植物である竹の伐採が可能になり、農民は豊かになりました」

タイの貧村出身の女性を妻に持つパルマー氏は「貧しい者に施しを与えることは持続可能ではありません。あくまで彼らのイニシアチブや起業家精神を促して、貧困を克服してゆくことが大切です」と断言する。

政府の開発援助にも懐疑的だ。「二〇一〇年のハイチ大地震の後、現地の起業家がソーラーパネルを導入し、大きな成果をあげていたのに、アメリカ政府が現地への大規模なエネルギー支援を行った結果、会社は倒産してしまいました。それからまもなくして、アメリカの支援は大幅にカットされました。実に愚かしい話です。トップダウンの社会工学的な発想はかつてのソ連と同じです。災害時の緊急支援を除き、開発援助よりも起業支援のほうが遥かに重要なのです」。

援助する側の善意にもかかわらず、援助される側の政治腐敗や依存体質が進み、持続可能な発展が阻害される事例は枚挙にいとまがない。法の支配や財産権の確立、規制改革などの環境を整え、民間の自助を促してゆくパルマー氏のアプローチは異端ではなく、開発分野の潮流とも合致する。

パルマー氏によると、リバタリアニズムが急速に浸透しているのは中南米だという。「アルゼンチン、ブラジル、ベネズエラ、ペルー、チリ、ホンジュラス……。軍事政権や左翼政権のもとで腐敗や貧困が悪化しました。政府への不満が強く、自由を求める声が強いです」。その一方、「ハンガリー、ポーランド、チェコ、ウクライナなどの東欧では、権威主義体制や右派ナショナリストが擡頭するなど、自由への逆風が吹いています」と危惧する。

シンクタンクのインキュベーター

アトラス・ネットワークの前身、アトラス経済研究財団が創立されたのは一九八一年。主導したのはイギリス人実業家アンソニー・フィッシャー卿（一九一五〜八八年）である。第

2章2節で記したように、ハイエクは全米最古のリバタリアン系のシンクタンク「経済教育財団」(FEE)をモデルにしながら一九四七年に自由主義者の国際会議「モンペルラン協会」(MPS)を立ち上げた。フィッシャーはその会員だった。

西部戦線(第二次世界大戦)の終結後、労働党政権下におけるイギリスの福祉国家政策や基幹産業の国営化に危機感を覚えたフィッシャーは、四五年七月、ロンドン・スクール・オブ・エコノミクス(LSE)にハイエクを訪れ、政治の世界に進む意志を伝えた。ところが、ハイエクは反対し、むしろ政治を動かすアイデアを磨くシンクタンクの必要性を説いた。

五二年、フィッシャーはFEEを視察、養鶏ビジネスで蓄えた莫大な資産をもとに、五五年にイギリス初のリバタリアン系シンクタンク「経済問題研究所」(IEA)を創設。その後、七四年にカナダのバンクーバーに「フレーザー研究所」、七七年にニューヨークに「マンハッタン政策研究所」(MIPR)、七九年にサンフランシスコに「パシフィック研究所」(PRI)を続々と誕生させた。

とりわけ八一年にワシントンで創設されたアトラス経済研究財団は、シンクタンクの支援を事業の主軸に据えた、いわば「シンクタンクのためのシンクタンク」「シンクタンクのインキュベーター」として画期的な役割を担った(現在、オフィスは郊外のジョージ・メイソン大学の近くに移転)。

二〇一七年度の場合、アトラス・ネットワークの歳入は約一一〇〇万ドル。ほぼ全額が寄付で、うち四割が個人による。世界各地のシンクタンクのリーダーら約一〇〇〇人に研修を施し、八二ヵ国一六三のパートナー機関に五四〇万ドルを助成した。

私はアトラス・ネットワークとパートナー関係にある先述したインドのCCSを訪れたことがあるが、政策志向が強く、かつ次世代向けのプログラムを積極的に展開するなど、さながらケイトー研究所のミニチュア版といった趣《おもむき》だった。前出の「世界のシンクタンクランキング」では世界八一位、国内二位に位置している。

創設者で所長のパース・シャー氏は、学生時代にアイン・ランドに傾倒。米アラバマ州のオーバーン大学の大学院留学中にミーゼス研究所やジョージ・メイソン大学にある人文学研究所（IHS）のセミナーに参加した。ミシガン大学で経済学の講師を六年間務めた後、母国に戻り、九七年にCCSを創設した。

カンボジアのプノンペンにあるグレーター・メコン研究センター（GMRC）も訪れたが、こちらは二〇一七年三月に新設されたばかり。カンボジアを拠点にベトナム、ラオスの三ヵ国で次世代向けのプログラムを開始している。理事長はカンボジアの王立法律経済大学（RULE）の国際修士プログラムの所長を兼任するトーマス・ピアソン氏。ジョージ・メイソン大学の法科大学院を修了したアメリカ人で、かつてケイトー研究所で研究員をしていた。

理事会にはパルマー氏も名を連ねている。

ちなみにアトラス・ネットワークのパートナー一覧を見る限り、日本国内では一九九七年に設立されたＪＴＲ（日本税制改革協議会）のみが活動中のようである。創設者の内山優《まさる》氏は埼玉県行《ぎょう》田《だ》市で中小企業を経営していたが、全米税制改革協議会（ＡＴＲ）のグローバー・ノーキスト会長の来日講演に触発され、翌年に創設。ＡＴＲに倣って「納税者保護誓約書」への署名を日本の議員や候補者に求める活動などを展開しているが、やはり規模の小ささは否めない。思想や哲学の分野ではリバタリアニズムに関心を持つ専門家も少なくない日本だが、草の根の運動としてはまだまだ黎明《れいめい》期にあるようだ。

越境するリバタリアン

シンクタンクを立ち上げる際、フィッシャーはモンペルラン協会の人脈を頼ったという。リバタリアン系の組織としては、同協会が最も学術色が濃く、エリート・クラブ的かもしれない。当初はジョン・アクトン卿（十九世紀のイギリスの歴史家）とアレクシ・ド・トクヴィル（十九世紀のフランスの思想家）の名をとって「アクトン＝トクヴィル協会」と命名される予定だったが、両者とも貴族出身だった点などへの異論があり、ハイエクやミーゼス、ミルトン・フリードマン、カール・ポッパー（哲学者）ら発起人が集ったスイスの保養地の名が冠せられた。

過去の会員にはジョージ・シュルツ（元米国務長官）やウォルター・リップマン（ジャーナリスト）、ウィリアム・バックリー（保守論壇の重鎮）など著名人も多い。ハイエクやフリードマンに加えて、ジェームズ・ブキャナンやゲーリー・ベッカーなど八人がノーベル経済学賞を受賞している。

会員になるには現会員二名からの推薦が必要で、現在、およそ五〇ヵ国から約五〇〇人が名を連ねている。日本人の会員も二〇人ほどおり、一九八〇～八二年にはハイエクの著書の紹介者として知られた経済学者・西山千明《にしやまちあき》（立教大学名誉教授）が会長を務めたことがある。現会長はジョージ・メイソン大学マルカタスセンターのピーター・ベッキー教授。大富豪のチャールズ・コークも会員であることから、しばしば秘密結社のごとく語られるが、同氏ほどの大物はむしろ例外的だ。

そもそも「協会」といってもオフィスはなく、現在は米テネシー大学内に事務局が置かれているにすぎない。専従スタッフはおらず、基金もなく、年会費もわずか一〇〇ドル。会報の発行から国際会議の運営まで、すべて会員やボランティアによって賄われている。日本の小さな学会のようだ。

ただ、二年に一度、総会を開催しており、こちらはなかなか華やかである。例えば、二〇

リバティ・インターナショナルの会議にて（プエルトリコ，2016年）

一八年度の会場はアフリカ大陸北西岸沖のスペイン領カナリア諸島にある高級リゾート。六日間のプログラムは講演と討論が中心だが、社交の時間もたっぷりある。参加費（宿泊費を除く）は会員が約一五〇〇ドルで、会員の推薦を受けたゲストが約二〇〇〇ドル。知遇を得たリバタリアンに会員が多かったこともあり、私も推薦されたが、大学の仕事と重なり断念せざるを得なかった。世界各地から学者や実務家など三〇〇人近くが集ったようだ。

若者も負けていない。「自由のための学生」（SFL）はもともとジョージ・メイソン大学人文学研究所（IHS）のセミナーに参加した学生が〇八年に立ち上げた組織だが、現在、年間予算は約四〇〇万ドル。五〇人ほどの常勤スタッフを抱え、世界各地の一〇〇〇以上の学生組織とつながっている。日本でも普及活動を行っているが、反応は今一つとのこと。

ケン・スクールランド氏が会長を務める「リバティ・インターナショナル」も一九六九年の創設（前身を含む）以来、

プエルトリコやクラクフ（ポーランド）など世界各地を転々としながら、毎夏、国際セミナーを開催している。同様に、妻のリー氏も一週間のサマースクールを中国で続けている。これは、モンペルラン協会の経済学者たちが一五〇人ほどの中国人学生にオーストリア学派の経済理論を教えるものだ。

二〇一四年には米リバタリアン党の党大会で、世界各国のリバタリアン系の政党とネットワークを形成することが決定。前・党全国委員長ジェフ・ニールが発起人となり、翌年、一〇ヵ国の党を創設メンバーとする国際リバタリアン党連盟（ＩＡＬＰ）が結成された。現在、メンバーは二一の国と地域に増加している。

このように、さまざまな仕組みや仕掛けを通して、リバタリアニズムの理念が世界に拡散している。「想像の共同体」ならぬ「アイデアの共同体」とはこのように作られてゆくのかと感心する。

こうした広がりは現代世界においていかなる意味をもつのだろうか。次節ではゆっくりと考えてみたい。

2　自由への攻防

中米の名門大学も

アメリカのリバタリアンがタヒチ島沖（仏領ポリネシア）に洋上自治都市「シーステッド」の設営を企図していることは第1章2節で紹介したが、他にもユニークな試みが世界各地に点在する。

例えば、グアテマラのフランシスコ・マロキン大学（UFM）。ここは中米カリブ諸国を代表する名門私立大学である。大統領や富裕層の子供も多く通う、緑豊かな美しいキャンパスを持つこの大学は、一九七一年、建築材や綿花、米の栽培・水力発電・港湾建設・グアテマラ証券取引所などを手掛けた実業家マヌエル・アヤウによって創設された。アヤウはアメリカで高等教育を受け、リバタリアン系のシンクタンク「経済教育財団」（FEE）の理事に加え、七八〜八〇年にはモンペルラン協会会長、八八年までは同大学長などを歴任し、二〇〇五年にはアダム・スミス賞を授与された。一九九〇年の大統領選に出馬し、敗北したものの、デレオン・カルピオ暫定政権（九三〜九六年）では民営化担当顧問を務めた。

当然ながら、同大はリバタリアンの校風が強く、ルートヴィッヒ・フォン・ミーゼスやバーノン・スミス、ヘンリー・ハズリットなど著名なリバタリアンの名を冠した建物が並ぶ。先住民の人権擁護や教育にも積極的で、校名にあるマロキンは先住民をスペインの圧政から守った「守護者」としてグアテマラの高額紙幣にも描かれている英雄だ。同大は豊富な資金力を背景に、先住民の衣装に関するイシュチェル博物館とマヤ遺跡に関するポポル・ブフ博物館を運営している。近年はパナマとマドリード（スペイン）にも分校を設けるなどグローバル展開を進めている。

前節で紹介したリバタリアン系のシンクタンクのインキュベーターとして知られる「アトラス・ネットワーク」とはパートナー関係にあり、「リバティ・フォーラム」「フリーダムフェスト」「リバティコン」など、アメリカで開催される大きな会合ではつねにブースを設け、独特の存在感を放っている。

「リベルランド」の挑戦

リバティコンでのフランシスコ・マロキン大学のブース．アイン・ランドやハイエクの似顔絵パネルが見える

近年、リバタリアンのみならず、各国の主要メディアからも注目を集めているのは「リベルランド自由共和国」（Free Republic of Liberland）の〝建国〟だ。場所はバルカン半島北部のセルビアとクロアチアの国境地帯を流れるドナウ川の中州。〝建国〟したのはチェコ人のヴィト・イェドリチカ氏。一九八三年生まれのリバタリアンで、もともとはチェコの自由市民党（ＳＳＯ）の地方支部代表を務めていた。自国の経済政策に幻滅し、リバタリアンの理想郷建設のための場所を探していたある日、検索サイトで七平方キロメートル（英領ジブラルタルとほぼ同面積）の中州を〝発見〟。クロアチアもセルビアも領有権を主張していない国際法上の無主地にあたると判断し、〝建国〟を決意した。

二〇一五年四月十三日に無人の中州に国旗を掲げ、初代大統領として建国を宣言。同日は「アメリカ建国の父」で中央集権に反対したトーマス・ジェファーソンの誕生日である。

将来的にはブロックチェーン技術を積極的に活用した自律・分散・協調型のコミュニティとして発展させ、投資や観光で繁栄するタックスヘイブン（租税回避地）にするという。そのための初期投資一億ドルは独自の仮想通貨「メリット」の発行やクラウドファンディングによって賄う予定だ。大統領に加えて、副大統領や内相、財務相、外務相、法相などもいるが、いずれは大統領制そのものの廃止を想定している。指揮者のいないオーケストラ「オルフェウス室内管弦楽団」のコミュニティ版といったところか。

人口規模は「数万人」を想定しているが、現在、日本からの約三〇〇人を含め、すでに一五万人以上が市民権を申請中とのこと。同国の理念に賛同し、犯罪歴がなく、五〇〇〇ドルを納めるか、労働や専門知識が提供できれば誰でも申請できる。国のモットーは「人は人、自分は自分」を意味する“To Live and Let Live”。これまでに約六〇〇人に市民権を付与している。

政治的には、原則、直接民主制だが、「メリット」の保有数に応じて票数を配分するという。公用語は英語。納税は本人の自由。軍隊は設けない。憲法や基本法の骨格はすでにウェブサイトで公開している。

ジェファーソンの精神に従い、いかなる国とも同盟を結ばず、規制が多い国連やＥＵに加盟するつもりはない。もっとも、リベルランドは国連のいずれの加盟国からも「国家」として承認されておらず、クロアチアは「国境は未画定」としつつも中州を無主地とは認めていない。セルビアからの上陸も厳しく制限されている。イェドリチカ氏はクロアチアへの入国を拒否されている。中州には、現在、無人の空き家しかない。イェドリチカ氏は自宅があるプラハにリベルランドの「代表部」を設けているものの、実態は起業家たちとの共有スペースに過ぎない。

プラハのリベルランド「代表部」にて

それでも気分は新進の独立国。二〇一六年には最初の外交ミッションがグアテマラを訪れ、フランシスコ・マロキン大学を表敬訪問している。一七年には東アフリカのソマリランド（ソマリアから独立した未承認国家）に技術・財政・食糧などの支援を行い、互いを国家として承認する覚書（MOU）を締結した。当然、スペイン北東部カタルーニャ州の独立を支持している。

リベルランド関係者の国籍や経歴は実に多様だが、ここでもアメリカのリバタリアンとの縁は深い。外相のトーマス・ウォルズはアメリカ人で、かつてはアメリカのリバタリアン党のスタッフだった。第1章1節で紹介した米ニューハンプシャー州の「フリーステート・プロジェクト」（FSP）の代表マット・フィリップはリベルランドの顧問。スティーヴ・フォーブス（『フォーブス』誌の発行人）には勲一等を叙勲、ロン・ポール（元連邦下院議員）には市民権と外交旅券を授与している。ゲーリー・ジョンソン（元ニューメキシコ州知事、一六年米大統領選のリバタリアン党指名候補）など、アメリカのリバタリアンが続々とリベルランドへの支持・協力を打ち出している。

リベルランドでは将来の都市計画や乗客船のデザインのコンペが行われ、すでに自国ラベルのワインやビールまである。リベルランドこそはアイン・ランドの『肩をすくめるアトラス』に出てくる理想郷「ゴールト峡谷」（Galt's Gulch）なのか、それとも「変わり者のままごと」に過ぎないのか。それを見極めるには時期尚早だが、自由を求めるその頑強な意志には脱帽する。

「アイデンティティの政治」と「ポピュリズム」

しかし、こうした大胆な試みやグローバルな広がりとは裏腹に、リバタリアンの多くは、現代世界があるべき自由社会とは逆方向に進んでいると危惧している。

その論拠の一つは「アイデンティティの政治」の過剰である。アイデンティティの政治とは、人種、民族、LGBTQ（性的少数者）など集合的属性の利害をめぐる相克を指す。具体的にはヨーロッパにおける極右勢力やアメリカにおける白人至上主義の擡頭などを指し、反資本主義、反自由貿易、反移民、反知性主義（反エリート主義）の感情と密接に結びついていると考える。ただし、それは決して右派だけの現象ではなく、ポリティカル・コレクトネス（PC、政治的建前）を振りかざして異論を封じ込めようとする左派も同罪と見なす。例えば、マイノリティが自分たちの権利を求めても問題視しないのに、白人が同じことをすると「差別主義者」とレッテルを貼ることがその典型例だ。「右」も「左」も個人を特定の集合的属性に回収し、互いに権力闘争に興じている状況をリバタリアンは憂慮する。

もう一つは「ポピュリズム」の擡頭である。ポピュリズムには「反エリート主義」と「大衆迎合主義」の二つの側面があり、どちらに着目するかによってイメージも評価も変わる。前者であれば「民主主義の原動力」、後者であれば「衆愚政治の元凶」となるが、ここでは主に後者を指す。世論（とくに支持者）の歓心を買うべく、為政者は然るべき手続きや規則、チェック・アンド・バランス（権力間の抑制と均衡）を素通りする独断的な統治手法に訴え、世論もそれを決断力・実行力のある「強い指導者」の証しとして歓迎ないし甘受する。「アイデンティティの政治」と「ポピュリズム」は互いに結びつきやすく、その最たる例が

「トランプ現象」だと言える。アメリカでは三十〜四十代の高卒以下の白人の五人に一人が無職で、求職活動すら放棄した状態にある。グローバル化のなかで競争力を持てない彼らにとって、今のアメリカはマイノリティが不当に優遇され、自分たちの居場所がますます失われつつあると映る。

閉塞感と孤立感を深めるなか、彼らは、自分たちこそはこうした不公正な社会システム——ドナルド・トランプ大統領の元側近スティーヴン・バノンの言う「闇の国家」(deep state)——の犠牲者であり、その破壊を掲げるトランプ氏こそは「救世主」であると見なす。トランプ氏もそうしたアメリカ人に「忘れられた人びと」と同情を示し、彼らの尊厳回復を約束する。「アメリカを再び偉大にしよう」("Make America Great Again")という同氏の掲げたスローガンには、一九八〇年の大統領選でロナルド・レーガンが最初にこれを用いたときよりも、はるかに逼迫《ひっぱく》した悲壮感が漂う。

もちろん、自分たちの共同体が攻撃・侵食されているという被害者意識を創出し、恐怖や対立を煽る「分断の政治」に訴える手法はトランプ氏の専売特許ではない。リバタリアンからすると「(裕福な)一%対(それ以外の)九九%」といった単純な図式で市井の反資本主義、反自由貿易、反エリート主義を煽り、「民主社会主義」を掲げるバーニー・サンダース上院議員も、程度の差こそあれ、トランプ氏と同じ手法に訴えているように映る。「民主社会主義」が「大きな政府」と親和性が高いことに鑑みれば、リバタリアンからすると「サンダース現象」もまた看過できない不穏な動きである。

「アイデンティティの政治」や「ポピュリズム」が急進的なナショナリズムの擡頭を許し、フリードリヒ・ハイエクが『隷属への道』(一九四四年)で説いたように、全体主義が自由社会を一気に崩壊へと追いやったのはわずか八〇年前の話である。

ドイツのベルテルスマン財団が作成している、開発途上国と市場経済移行国の一二九ヵ国を対象とした「民主主義」と「市場経済」などの改革指標(Bertelsmann Transformation Index：BTI)の二〇一八年版によると、現在、権威主義国家が五八ヵ国なのに対し、民主主義国家は七一ヵ国で、調査を始めた〇六年以降、最低水準となっている。

前回(一六年版)はそれぞれ五五ヵ国、七四ヵ国で、今回、バングラデシュ、レバノン、モザンビーク、ニカラグア、ウガンダの五ヵ国はもはや民主主義の最低要件を満たしていないと除外される一方、ブルキナファソとスリランカが(欠陥はありながらも)民主主義国家に格上げされた。ホンジュラス、ハンガリー、モルドバ、ニジェール、フィリピン、トルコは民主主義国家としてのボーダーラインぎりぎりで、とりわけトルコは前回から最も指標が遠ざかった。民主主義国家といっても「市民権」や「法の支配」の遵守の度合いは低下しており、自由で公正な選挙を実施している国家数は前回が全体の六分の一だったのに対し、今回は一四分の一に急減している。

マッカーシズム2・0

第2章1節「「デモクラシー・ギャング」から身を守れ」で紹介したように、自由市場・最小国家・社会的寛容といった価値そのものは、多数決の原理によって容易に妥協ないし否定され得る。その意味でリバタリアンは民主主義を必ずしも絶対視しない。とはいえ、民主主義が権威主義より望ましいことは明らかである。「右」も「左」も「アイデンティティの政治」という集合主義に訴え、大衆迎合主義的な「強い指導者」が跋扈する昨今の状況はリバタリアンにとって脅威以外の何物でもない。近年の草の根レベルでのリバタリアニズムの隆盛はこうした世界や時代に対する異議申し立てとも言えよう。

リバタリアンの会合に参加すると、アメリカの大学の言論状況を危惧する声を頻繁に耳にする。曰く、学生も教職員もPCを気にするあまり、本音の議論を避け、言論の自由が萎縮するなか、左派はますますPCのコードを左に寄せている、と。その一方、右派はリベラル系の教員をリストアップし、糾弾する活動を強化している。NPO「ターニング・ポイント・USA」はその代表格で、全米一三〇〇以上のキャンパスに支部を有する。同NPOが主宰するウェブサイト「教授監視リスト」(Professor Watchlist)には二〇〇人以上の名が挙がっており、歴史家ブルース・カミングス（シカゴ大学）や政治思想家ダニエル・アレン（ハーバード大学）など著名な学者も含まれる。

「マッカーシズム（赤狩り）2・0」とも称される社会的不寛容の再来を懸念する声が強まるなか、リバタリアンのコーク兄弟は「教授監視リスト」を厳しく批判、カール・マルクスやウラジーミル・レーニン、毛沢東の著作なども大学のカリキュラムに含めるべきだと説いている。チャールズ・コーク財団で大学連携を統括するジョン・ハーディンはその理由を次のように述べる。

歴史に影響を及ぼした思想を知り、理解しなければ、どうして未来に向けた進歩が期待できるでしょうか。創造や発見は異なる思想がぶつかり合うことで生まれます。今後の私たちの未来を考えるうえでこの点はとても重要です。変化の速度は速く、学生にはそれに迅速に適応するスキルが必要なのです。（中略）考えが異なる教授をリストアップするより、私たちの財団はそうした教授……と昼食を共にし、意見交換する人びとを支援します。（二〇一八年八月一日付『ワシントン・ポスト』紙）

「リベラル国際秩序」はリベラルか

トランプ氏がアメリカの民主主義を蔑《ないがし》ろにしているとの批判は、何もリバタリアンに限ったものではない。アメリカが牽引してきた第二次世界大戦後の「リベラル国際秩序」を後退させているとの懸念も強い。私自身も自由貿易や法の支配、人権、表現・報道の自由、あるいは同盟関係や多国間枠組み、国際機関との関係の行方を危惧している。リバタリアンの会合でもその点は繰り返し指摘した。

しかし、リバタリアンからは「リベラル国際秩序」そのもの、あるいは牽引役としてのアメリカのあり方を疑問視する声も少なくなかった。

その論拠は二つに大別できる。

第一に、第二次世界大戦後の国際秩序はさほどリベラルではなかったという。大戦の終結には原爆が二度使用され、国連安全保障理事会の常任理事国の二ヵ国（中ソ）は権威主義国家で、二ヵ国（英仏）は植民地帝国だった。戦後、経済発展を遂げた国には一党支配ないし開発独裁が多く、自由主義経済というより国家資本主義の色彩が濃かった、等々。

第二に、アメリカも必ずしもリベラルではなかったという。農家への補助金、輸入品への関税や割り当て（クオータ）、相手国による輸出自主規制など、保護主義的政策は共和党のレーガン政権やブッシュ（子）政権でも行われた。一九八〇年代の対日貿易赤字削減のための圧力はその典型とされる。

加えて、アメリカは京都議定書や国際刑事裁判所にも後ろ向きだった。国際司法裁判所の判断を無視したこともある（一九八六年のニカラグアへの賠償命令の不履行など）。外国の要人暗殺や政権転覆に関与したこともあり、そのなかには民主的に選ばれた指導者や政権も含まれる。逆に、独裁者と蜜月関係にあったこともある（カンボジアのポル・ポト派への支援など）。他国の選挙や内政への干渉も珍しくなかった。冷戦終結（八九年）後の二〇年間はアメリカ史全体の一〇％に満たないが、その短期間にアメリカ史における戦争期間の約二五％が集中している、等々。

要するに、トランプ批判の際に持ち出される「リベラル国際秩序」という言説はかなり美化ないし神話化されたもので、実際はさほどリベラルなものではなかった。トランプ氏の物言いがあまりに直截《ちょくせつ》的であるがゆえに「反リベラル」の印象が際立つが、実態においては、アメリカはこれまでもトランプ的な側面があったというわけだ。

もちろん、「リベラル国際秩序」が他の秩序より望ましいことは疑いない。アメリカが仮に「帝国」だとしても、植民地帝国（近代的帝国）というよりは古典的帝国（前近代的帝国）に近い（他の大国に比べて植民地支配や占領には消極的だった）。ハードパワー（軍事・経済力）のみならず、ソフトパワー（文化力）においてもアメリカは大国で、パックス・アメリカーナ（アメリカの覇権による平和）を望んだ国々も少なくない。

しかし、「リベラル国際秩序」を論拠にトランプ氏を批判するあまり、アメリカが負の歴史を顧みず、前のめりの正義感や使命感に駆られ、国際社会への関与過多に陥ることをリバタリアンは警戒する。他国の反撥・抵抗を招けば、かえってアメリカの安全は脅かされる。関与に伴う膨大なコスト負担も不安材料だ。事実、リバタリアンのなかには、トランプ政権下で軍事費が大幅に増大し、アフガニスタンに増派し、シリアを爆撃し、サウジアラビアやイスラエルとの軍事協力を深めるなど、「リベラル国際秩序の後退」とは正反対の状況が進んでいると憂慮する者も少なくない。

「世界の警察官」としてのアメリカの役割にトランプ氏は消極的だとしても――それ自体は冷戦後の歴代政権の基本的な傾向でもある――「アメリカ第一主義」を「リベラル国際秩序の後退」と結びつけて批判し、かえって政府を肥大化させることにはより慎重であるべきだというわけである。

いずれにせよ、「リベラル国際秩序」の原則には強く賛同しつつも、リバタリアンはこの概念が外交・安保面における「大きな政府」を助長する口実になり得る点を危惧している。

ミレニアル世代という課題

そもそもリバタリアンは、「国際秩序」の基本単位をなす「国家」に対して懐疑的である点はこれまで繰り返してきた通りである。リバタリアンにとっては「国民」よりも「個人」が先にくる。国家という制度に内在する強制性（マックス・ウェーバーのいう「暴力」）そのものを否定する「無政府資本主義」（アナルコ・キャピタリズム）を唱えるリバタリアンもいる。

冷戦終結後のグローバル化の進展は、国家の主権をより相対的なものにしている。その意味で、リバタリアンはグローバル化を総じて好意的に捉えている。しかし同時に、グローバル化は国家間の競争を激化し、国家の機能や権限をかえって強化している面もある。国家がグローバル化への対応を迫られるなか、リバタリアンは大衆迎合主義的な「強い指導者」――「右」であれ「左」であれ――が国家の存在をより重くしてしまうことを恐れる。それゆえ、草の根レベルでの異議申し立てにも力が入る。

その際、鍵となるのはやはり若い世代。とりわけ今世紀に入って成人したミレニアル世代（一九八一～九六年生まれ）の動向だ。

「右」には反移民、反多文化主義、経済ナショナリズムなど、トランプ氏の掲げる「アメリカ第一主義」に惹かれる若者がいる。高卒以下の白人、地域的には衰退するアメリカの象徴であるアパラチア山脈や中西部のラストベルト（さびれた工業地帯）に多いとされるが、先

リバタリアン系の学生組織「自由のための学生」（SFL）が毎冬ワシントンで開催するリバティコン．ステージ中央はスティーヴ・フォーブス

述した「教授監視リスト」に象徴されるような裾野の広がりもある。

かたや「左」には大手金融機関の解体、公立大学の授業料無償化、国民皆保険の導入、反戦平和など、サンダース氏の掲げる「民主社会主義」に共感する若者がいる。二〇一六年の大統領選（民主党内の予備選）で全米の大学のキャンパスを席捲した「サンダース旋風」は記憶に新しい。冷戦時を知らない彼らにとって、資本主義とは社会の不正義の温床であり、逆に、社会主義への心理的抵抗は少ない。ニューヨークやマサチューセッツなどリベラルな州では、一八年の中間選挙（民主党内の予備選）の際、彼らが推した新人候補がベテラン議員を破る一幕があった。

そして、「右」と「左」の狭間には、経済的自由と個人的自由を重視し、経済的には「保守（＝共和党寄り）」、社会的には「リベラル（＝民主党寄り）」のリバタリアンの若者がいる。思想の位相図「ノーラン・チャート」（第3章1節）ではリバタリアンの対極に権威主義が位置づけられているが、経済・社会の両面で自由度が低く、政府の権限が強大な政治体制を肯定するアメリカの若者は（「左」「右」内の極端な一部を除き）さすがに少ない。

ミレニアル世代には大まかな特徴がある。

家族形態や働き方が多様化・個人化した時代に生まれ育ち、インターネット社会を前提とする彼らは社会起業やシェア経済など「公」と「私」をめぐる新たな関係性に前向きだ。経済的にも社会的にも自由を好み、人権や環境など社会正義への関心が高く、多様性に寛大で、変革志向が強い。既存政党や二大政党制、あるいは「保守対リベラル」といった旧来の二項対立には不満を抱いている。

シカゴ・グローバル評議会の報告書（二〇一八年）によると、アメリカの積極的な対外関与を支持するミレニアル世代は五一％で、第二次世界大戦中や冷戦初期に青春時代を過ごしたサイレント世代（一九二八〜四五年生まれ）の七八％、ベビーブーマー世代（一九四六〜六四年生まれ）の七二％、X世代（一九六五〜八〇年生まれ）の六二％と比べると相当低い。アメリカが「圧倒的な世界のリーダー」である必要性を感じているのはわずか四人に一人。軍事介入や軍事費拡大にはとりわけ否定的な一方、国際協調や自由貿易には肯定的だ。

ミレニアル世代のこうした傾向は、リバタリアンの立場と親和性が高い。すでに世代別人口では全米最大となり、二〇二〇年の大統領選では有権者数でも最大集団となり、名実ともに今後のアメリカの政治経済・文化社会・外交安保の牽引役となる。その彼らが「右派」や「左派」に誘引されないよう、そして「保守」と「リベラル」の双方をより自由市場・最小国家・社会的寛容の側に誘うべく、リバタリアンは草の根の活動に力を注ぐ。

情報技術や生命科学の進展、人口構成の変容、社会格差の拡大、地政学的再編、気候変動、移民・難民の増加、排外主義や過激主義の擡頭……。こうした変化にアメリカの政治と社会はいかに向き合ってゆくのか。「保守」と「リベラル」――あるいは「右派」と「左派」――といった旧来の二項対立に囚われない解をリバタリアンは模索する。それはまた「アメリカとは何か」という古典的問いかけであり、現代の国家と世界のあり方に一石を投じる根源的問いかけでもある。

あとがき

なぜリバタリアニズムか

リバタリアニズムという言葉を初めて耳にしたのはアメリカに大学院留学していた一九九〇年代初頭だと思う。私の専攻は社会人類学だったが、フィールドワーク（現地調査）の対象地域について幅広く学ぶことが求められており、私はアメリカに関する講義やセミナーにかなり貪欲《どんよく》に参加した。一つの地域ないし国をより深く理解しようと思えば、一つの学問領域だけでは飽き足らなくなる。そもそも学問領域の境界線など恣意的・便宜的なものに過ぎない。

学部時代から思想哲学や国際関係に関心があったこともあり、留学先のハーバード大学ではマイケル・サンデル教授（哲学）やロバート・パットナム教授（政治学）、ジョセフ・ナイ教授（国際政治）などの議論から大いに刺激を受けた。

当時のハーバードでは哲学界隈が賑やかで、ジョン・ロールズ教授（リベラリズム）やロバート・ノージック教授（リバタリアニズム）、サンデル教授（コミュニタリアニズム）にアマルティア・セン教授（厚生経済学）らが加わり、互いに論戦を繰り広げる光景は圧巻だった。

正直、日本の大学（学部）を卒業したばかりの私にとって、彼らの議論はあまりに高尚かつ難解だったが、とりわけリバタリアニズムの考えは奇抜に思えた。政治哲学のセミナーでアイン・ランドの思想小説『肩をすくめるアトラス』を読んだが、一〇〇〇頁を超える長編で、登場人物がやたら多い。内容はすこぶる過激で、他の参加者も「パラノイアだ」「カルトだ」と総じて否定的だった。帰国前、私は同書を古本屋に売り払い、ランドのことは半ば忘れかけていた。当時のハーバードにはまだリバタリアン系の学生組織などなかったと思う。

しかし、ミレニアルに入ってから、リバタリアニズムのことが次第に気になり始めた。経済政策では「保守」でありながら、イラク戦争に反対し、人工妊娠中絶や同性婚に賛成するなど「リベラル」な姿勢が興味深かった。その後、バラク・オバマ政権の景気刺激策や医療保険制度改革に抗うティーパーティ（茶会）運動で存在感を高め、二〇一六年の大統領選では民主党（ヒラリー・クリントン候補）にも共和党（ドナルド・トランプ候補）にも共感できない有権者の受け皿として注目を集めた。

とりわけ今世紀に入って成人になったミレニアル世代の価値観とは重なる点が多い。すでに世代別人口では全米最大となり、二〇二〇年の大統領選では有権者数でも最大集団となるミレニアル世代。名実ともに今後のアメリカの政治経済・文化社会・外交安保の牽引役となる彼らの動向を理解するうえでもリバタリアニズムという切り口に惹かれた。気づけばハーバードにも二〇〇四年に「ハーバード・リバタリアン・クラブ」（ＨＬＣ）が創設されていた。二〇〇八年に結成された「自由のための学生」（ＳＦＬ）は今日では世界最大のリバタリアン系の学生組織に成長し、年間予算は四〇〇万ドル。毎冬ワシントンで開催する会合（リバティコン）には世界四〇ヵ国から約一五〇〇人が集う。

こうした草の根の運動としてのリバタリアニズムはこれまで十分に調査されてこなかった。哲学や政治思想の分野ではすでに多くの研究の蓄積があるが、現実の運動は必ずしも論理的な厳密さや整合性に裏打ちされているわけではない。それゆえ拙著では、「あるべき」ではなく、「ありのまま」の草の根のリバタリアニズムの動向理解を主眼に据えた。いわば規範論ではなく記述論としてのリバタリアニズムである。

と同時に、アメリカのリバタリアニズムは海外にもネットワークを積極的に拡張している。それゆえ、アメリカ発の「アイデアの共同体」のトランスナショナルな広がりにも当初から着目していた。このあたりはアメリカのソフトパワーの世界的拡散に関する私の問題意識と通底しているはずである。

大学院を修了してから今日に至るまで、四半世紀近くアメリカの地域コミュニティやテーマコミュニティについて調べてきたが、社会の対抗言説（カウンター・ディスコース）としてのコミュニティのあり方は今でも私を魅了してやまない。

なお、日本では、アメリカ専門家の間でさえリバタリアンを「保守」や「共和党」と同一視する時事解説や、その思想的源流をフリードリヒ・ハイエクやミルトン・フリードマンに求める記述が散見される。そのあたりが気になったのも拙著執筆のささやかな動機の一つである。

日本社会への含意

アメリカについて語る際にはいつも心のどこかで日本を意識する。自由市場・最小国家・社会的寛容を重んじるリバタリアンは、経済的には「保守」、社会的には「リベラル」の立場をとるが、日本ではこうしたイデオロギーの象限は存在しないに等しい。経済的に「小さな政府」を志向しながら、社会的には愛国心（集合的アイデンティティ）に訴える場合が多い。逆に、社会的には国家権力の介在を警戒しつつ、経済的には「大きな政府」を是認する場合も多い。

近年、日本でも「保守」や「リベラル」をめぐる議論が盛んなようだが、そもそも公共事業や消費税増税に前向きなことが「保守」で、その逆が「リベラル」というのは、頭の整理がなかなか大変である。

さらに言えば、ヨーロッパ流の「保守主義」は歴史的に貴族や大地主などエリートを中心とする身分制度に基づいているが、占領政策を経た戦後の日本にそうした厳然たるエリートの影響力は稀薄だ。それゆえ「保守」といっても愛国心に訴える以外の説得力が乏しく、「リベラル」も「反・保守」である以上の訴求力に欠く。

ヨーロッパでは保守主義（国王や貴族などによる身分制社会を是とする立場）や社会主義（巨大な政府機構による平等社会を是とする立場）への対抗軸として市民の政治的・経済的自由を重んじる自由主義が存在する。アメリカではヨーロッパ流の保守主義も社会主義も否定されており、あくまで自由主義の内部に左右（＝「リベラル」と「保守」）の対立が存在する。ヨーロッパもアメリカも「自由」という価値をめぐり政治論争が交わされてきた過去がある。そしてそれは現在進行形でもある。

それに比べると、日本の「保守」と「リベラル」は表層的な印象を拭えない。自生的かつ漸次的な変化を求めるのが「保守」で、社会工学的ないし急進的な変化を求めるのが「リベラル」という説明は一理あるが、単なる態度や手法の問題ではないだろう。「変化」の先にある社会のあり方を論じなければ、態度や手法の類は都合よくいかようにも評論できる。内省的であることが「保守の要諦」であるとか「リベラルの本質」であるといった議論は私にはほとんどジョークに聞こえる。

こうした日本の言論状況に加え、今回、もう一つ意識していたのは日本社会の今後である。グローバル化の論理と力学が国家を揺さぶるなか、先進国では福祉国家的なビジョンが行き詰まりを迎えて久しい。財政赤字や少子高齢化の問題が重なる日本は尚更だ。その一方、明治維新以降、中央集権型の国家発展を遂げた日本では、いまだに「お上」に頼る傾向が強い。リバタリアニズムの考えそのものは過激だが、政府や役所の役割の最低ラインがどこにあるか思考実験しておくのは無益ではなかろう。

例えば、私自身、官僚の友人たちから、管理職ともなると、政策よりも省益への貢献で評価される風潮が相変わらず強いと耳にする。年度末になると優先度がさして高いと思われない公共事業の現場に多く遭遇する。拙著の執筆中には、若者の東京集中を防ぐべく、東京二三区にある私大の定員を抑制するとの政府方針が示されたが、日本は高等教育の分野でも政府の統制力をさらに強め、「中国化」するのだろうか。

権威主義やナショナリズム、ポピュリズムが世界を席捲する今日、自由社会は自らを封じ込めることなく民主主義を持続してゆけるか。日本社会も試されている。

より選択肢の多い社会へ

日本でリバタリアニズムの話をすると、「市場万能主義」や「弱者切り捨て」と同一視されることが多い。アメリカではそれらに加えて「ヒッピー」や「裕福な白人」などのステレオタイプもある。しかし、今回、私がアメリカ（そして他国）で会った多くのリバタリアンから受けた印象はかなり異なる。例えば、ケイトー研究所のデヴィッド・ボアズ副所長もアトラス・ネットワークのトム・パルマー副所長もヒッピーではない。両氏ともマリファナ解禁論者だが、自らはマリファナ嗜好家ではない。ほぼ全員が大卒以上だったのは確かだが、「裕福な白人」ばかりとの印象はない。パルマー氏の妻はタイの貧村出身である。何よりもフレンドリーで温かい人が多かった。不快な思いをしたことは一度もない。

では、私がリバタリアンかといえば、おそらく違う。

自由市場・最小国家・社会的寛容という価値観には共鳴する。少なくともそれらの正反対の価値観には拒否感を覚える。しかし、リバタリアンといっても各論になればなるほどその立場を一括りにすることは難しい。本文で紹介したように、ベーシック・インカムや「テロとの戦い」を支持する者もいれば、警察や裁判所などすべての公共サービスの民営化を提唱する無政府資本主義者もいる。ピーター・ティール（オンライン決済サービスPayPalの創業者で、シリコンバレー有数の投資家）のようにトランプ大統領を支持するリバタリアンもいる。アメリカではマリファナ解禁や銃規制反対を訴えるリバタリアンが多いが、他国のリバタリアンが支持する立場では必ずしもない。孤立主義に近い者もいれば、同盟関係を重視する者もいる。

そもそも、私にはイデオロギーとはあくまで人びとが世界・現実・人生を意味づけるための「道具」であり、その絶対性・無謬《むびゅう》性・真正性を問うことは不毛との感覚がある。それゆえ自由を尊ぶとしても、リバタリアンというカテゴリーに自らを押し込めることは、かえって不自由な状況を招く気がしている。少なくとも自らを軽々しくリバタリアン——あるいは他のいかなる○○主義者——と称することは控えたいと思う。もちろん、それはあくまで私自身の態度、いわばメタ・イデオロギーであり、他の人に強要するつもりはない。

然るに、拙著はリバタリアニズムの喧伝を企図したものではない。アメリカのリバタリアンの草の根の営為を通して、世界・現実・人生を意味づける際の思考の選択肢を提供できれば十分である。各人が切磋琢磨し、できることを持ち寄り、ともに豊かになる場としての自由市場。公権力に依存しない市民社会の自律と自助を保証する存在としての最小国家。他者の自由を侵さない限り、個人の自由を最大限容認しようとする社会的寛容。こうした理念について各人が反芻《はんすう》し、少しでも多くの選択肢が認められる社会に近づくことができればと思う。こうした態度がリバタリアンなのか、保守なのか、リベラルなのかは、私にとってどうでもよい話である。

拙著のためのヒアリングや執筆は主として二〇一七年秋から一年間のサバティカル期間中に行われた。さまざまな形で支援していただいた慶應義塾大学、北京大学、ウィルソンセンター（Woodrow Wilson International Center for Scholars）、欧州大学院大学（College of Europe）、日本学術振興会、笹川平和財団に感謝したい。

拙著はもともと中公新書の白戸直人氏から『中央公論』誌への連載を勧めていただき、二〇一八年四月号から一九年一月号まで一〇回にわたって連載した内容に加筆する形でまとめられた。白戸氏には『文化と外交』（中公新書、二〇一一年）に続き大変お世話になった。今回編集の労は小野一雄氏が取ってくださった。『中央公論』では吉田大作氏と黒田剛史氏に毎回の連載を担当いただいた。快適な執筆環境を提供いただいた四氏、そして文中表現への的確なご指摘をいただいた校閲の方々に心から感謝したい。本書こそまさに「私、鉛筆は」の証左である。

トランプ政権の誕生以来、なかなか心が休まる日がないが、それゆえ拙稿と向き合っている時間は特別なものだった。まさに私自身にとって自由の砦《とりで》だった気がする。

平成最後の秋に　鎌倉にて

渡辺　靖

Michael J. Sandel, *Liberalism and the Limits of Justice*, Cambridge University Press, 1998 [1982].（M・J・サンデル『リベラリズムと正義の限界』菊池理夫訳，勁草書房，2009 年）
Michael J. Sandel, *What Money Can't Buy*, Farrar, Straus and Giroux, 2012.（マイケル・サンデル『それをお金で買いますか』鬼澤忍訳，ハヤカワ文庫，2014 年）
Debra Satz, *Why Some Things Should Not Be for Sale*, Oxford University Press, 2010.
David Schmidtz and Robert Goodin, *Social Welfare and Individual Responsibility*, Cambridge University Press, 1998.
Carl Schmitt, *The Concept of the Political*, University of Chicago Press, 2007 [1932].（カール・シュミット『政治的なものの概念』）
James C. Scott, *Seeing Like a State*, Yale University Press, 1998.
A. John Simmons, *Moral Principles and Political Obligations*, Princeton University Press, 1981.
Adam Smith, *Wealth of Nations*, CreateSpace Independent Publishing Platform, 2017 [1776].（アダム・スミス『国富論』）
Thomas Sowell, *Basic Economics*, Basic Books, 2007 [2001].（トマス・ソーウェル『入門経済学』堀越修訳，ダイヤモンド社，2003 年）
John Tomasi, *Free Market Fairness*, Princeton University Press, 2012.
Peter Vallentyne and Hillel Steiner, eds., *Left-Libertarianism and its Critics*, Palgrave Macmillan, 2000.
Ludwig von Mises, *Liberalism*, Liberty Fund, 2005 [1927].
Ludwig von Mises, *Human Action*, Ludwig von Mises Institute, 2010 [1949].（ルートヴィヒ・フォン・ミーゼス『ヒューマン・アクション』新版，村田稔雄訳，春秋社，2008 年）
Matt Zwolinski, *Arguing About Political Philosophy*, Routledge, 2014 [2009].

Jan Narveson, *The Libertarian Idea*, Temple University Press, 1988.
Robert Nozick, *Anarchy, State, and Utopia*, Basic Books, 2013 [1974].（ロバート・ノージック『アナーキー・国家・ユートピア』嶋津格訳，木鐸社，1992年）
Susan Moller Okin, *Justice, Gender, and the Family*, Basic Books, 1991.（スーザン・M・オーキン『正義・ジェンダー・家族』山根純佳・内藤準・久保田裕之訳，岩波書店，2013年）
Franz Oppenheimer, *The State*, CreateSpace Independent Publishing Platform, 2018 [1919].
P. J. O'Rourke, *Eat the Rich*, Atlantic Monthly Press, 1999.
Tom Palmer, *Realizing Freedom*, Cato Institute, 2014.
Ron Paul, *The Revolution*, Grand Central Publishing, 2009.（ロン・ポール『他人のカネで生きているアメリカ人に告ぐ』副島隆彦監訳，佐藤研一朗訳，成甲書房，2011年）
Ron Paul, *End the Fed*, Grand Central Publishing, 2009.（ロン・ポール『ロン・ポールの連邦準備銀行を廃止せよ』副島隆彦監訳，佐藤研一朗訳，成甲書房，2012年）
Karl Popper, *The Open Society and Its Enemies*, Princeton University Press, 2013 [1945].（カール・R・ポパー『開かれた社会とその敵』内田詔夫・小河原誠訳，未來社，1980年）
Jim Powell, *The Triumph of Liberty*, Free Press, 2000.
Ayn Rand, *The Fountainhead*, Signet, 1996 [1943].（アイン・ランド『水源』藤森かよこ訳，ビジネス社，2004年）
Ayn Rand, *Atlas Shrugged*, Signet, 1996 [1957].（アイン・ランド『肩をすくめるアトラス』脇坂あゆみ訳，ビジネス社，2004年）
Ayn Rand, *Capitalism*, Signet, 1986 [1967].
Douglas B. Rasmussen and Douglas J. Den Uyl, *Norms of Liberty*, Pennsylvania State University Press, 2005.
John Rawls, *A Theory of Justice*, Harvard University Press, 2005 [1971].（ジョン・ロールズ『正義論』改訂版，川本隆史・福間聡・神島裕子訳，紀伊國屋書店，2010年）
Matt Ridley, *The Rational Optimist*, Harper Perennial, 2011.（マット・リドレー『繁栄』大田直子ほか訳，ハヤカワ文庫，2013年）
Nathan Rosenberg and L. E. Birdzell Jr., *How the West Grew Rich*, Basic Books, 1985.
Murray N. Rothbard, *For a New Liberty*, CreateSpace Independent Publishing Platform, 2006 [1973].（マレー・N・ロスバード『新しい自由のために』岩倉竜也訳，デザインエッグ，2016年）
Murray N. Rothbard, *The Ethics of Liberty*, NYU Press, 2003 [1982].（マリー・ロスバード『自由の倫理学』森村進・森村たまき・鳥澤円訳，勁草書房，2003年）

Milton Friedman and Rose Friedman, *Free to Choose*, Mariner Books, 1990 [1980].（M&R・フリードマン『選択の自由』新装版，西山千明訳，日本経済新聞出版社，2012 年）
Gerald Gaus, *The Order of Public Reason*, Cambridge University Press, 2012.
Robert P. George, *Making Men Moral*, Oxford University Press, 1993.
Alan Haworth, *Anti-libertarianism*, Routledge, 1994.
Friedrich Hayek, *The Road to Serfdom*, University of Chicago Press, 2007 [1944].（『隷属への道』「新版ハイエク全集」第 I 期別巻，春秋社，2008 年）
Friedrich Hayek, *Individualism and Economic Order*, University of Chicago Press, 1996 [1948].（『個人主義と経済秩序』「新版ハイエク全集」第 I 期第 3 巻，春秋社，2008 年）
Friedrich Hayek, *The Constitution of Liberty*, University of Chicago Press, 2011 [1960].（『自由の条件』「新版ハイエク全集」第 I 期第 5 ～ 7 巻，春秋社，2007 年）
Friedrich Hayek, *Law, Legislation and Liberty*, Routledge, 2012 [1973].（『法と立法と自由』「新版ハイエク全集」第 I 期第 8 ～ 10 巻，春秋社，2007～ 08 年）
Henry Hazlitt, *Economics in One Lesson*, Laissez Faire Books, 2012 [1946].（ヘンリー・ハズリット『世界一シンプルな経済学』村井章子訳，日経BP社，2010 年）
Jacob Huebert, *Libertarianism Today*, Praeger, 2010.
Michael Huemer, *The Problem of Political Authority*, Palgrave Macmillan, 2013.
Douglas A. Irwin, *Against the Tide*, Princeton University Press, 1996.（ダグラス・A・アーウィン『自由貿易理論史』小島清監修，麻田四郎訳，文眞堂，1999 年）
Israel Kirzner, *The Meaning of Market Process*, Routledge, 1996.
Will Kymlicka, *Contemporary Political Philosophy*, Oxford University Press, 2001.
John Locke, *The Second Treatise on Civil Government*, Prometheus Books, 1986 [1690].（ジョン・ロック『統治二論』）
Loren E. Lomasky, *Persons, Rights, and the Moral Community*, Oxford University Press, 1987.
Deirdre N. McCloskey, *Bourgeois Dignity*, University of Chicago Press, 2010.
John Stuart Mill, *On Liberty,* Dover Publications, 2002 [1859].（ジョン・スチュアート・ミル『自由論』）
Charles Murray, *Losing Ground*, Basic Books, 1994.
Charles Murray, *What it Means to Be a Libertarian*, Broadway Books, 1997.

主要参考文献

Bernard Bailyn, *The Ideological Origins of the American Revolution*, Harvard University Press, 2012 [1967].

Randy Barnett, *The Structure of Liberty*, Oxford University Press, 1998.（ランディ・E・バーネット『自由の構造』嶋津格・森村進監訳，木鐸社，2000 年）

Norman Barry, *On Classical Liberalism and Libertarianism*, Palgrave Macmillan, 1986.（ノーマン・バリー『自由の正当性』足立幸男監訳，木鐸社，1990 年）

Frédéric Bastiat, *The Law*, Creative Commons, 2013 [1850].

Isaiah Berlin, *Four Essays on Liberty*, Oxford University Press, 1969.（アイザィア・バーリン『自由論』新装版，小川晃一・小池銈・福田歓一・生松敬三共訳，みすず書房，2018 年）

David Boaz, *The Libertarian Mind*, Simon & Schuster, 2015.

Jason Brennan, *Libertarianism*, Oxford University Press, 2012.

Jason Brennan, Bas van der Vossen and David Schmidtz, eds., *The Routledge Handbook of Libertarianism*, Routledge, 2018.

James Buchanan and Gordon Tullock, *The Calculus of Consent*, University of Michigan Press, 1962.（J・M・ブキャナン，G・タロック『公共選択の理論』宇田川璋仁監訳，米原淳七郎・田中清和・黒川和美訳，東洋経済新報社，1979 年）

Gary Chartier and Charles Johnson, eds., *Markets Not Capitalism*, Minor Compositions, 2011.

G. A. Cohen, *Self-Ownership, Freedom, and Equality*, Cambridge University Press, 1995.（G・A・コーエン『自己所有権・自由・平等』松井暁・中村宗之訳，青木書店，2005 年）

Tylor Cowen, *In Praise of Commercial Culture*, Harvard University Press, 1998.

Brian Doherty, *Radicals for Capitalism*, Public Affairs, 2007.

Arthur A. Ekirch Jr., *The Decline of American Liberalism*, Independent Institute, 2009.

Richard A. Epstein, *Principles for a Free Society*, Basic Books, 1998.

David Friedman, *The Machinery of Freedom*, Open Court, 1989.（デイヴィド・フリードマン『自由のためのメカニズム』森村進・関良徳・高津融男・橋本祐子訳，勁草書房，2003 年）

Milton Friedman, *Capitalism and Freedom*, University of Chicago Press, 2002 [1962].（ミルトン・フリードマン『資本主義と自由』村井章子訳，日経ＢＰ社，2008 年）

【欧文】

【ラ行】

【ワ行】

【マ行】

【タ行】

【ナ行】

【ハ行】

【サ行】

索 引

本書は『中央公論』（二〇一八年四月号〜二〇一九年一月号）に連載された「リバタリアン・アメリカ 「保守」と「リベラル」を超えて」（全一〇回）を再構成のうえ加筆・修正したものです。

渡 辺 靖（わたなべ・やすし）

1967年（昭和42年），札幌市に生まれる．97年ハーバード大学大学院博士課程修了（Ph.D.社会人類学）．ハーバード大学国際問題研究所，オクスフォード大学シニア・アソシエート，ケンブリッジ大学フェローなどを経て，2005年より慶應義塾大学SFC教授．専門はアメリカ研究，文化政策論．日本学術振興会賞，日本学士院学術奨励賞受賞．

著書『アフター・アメリカ』（慶應義塾大学出版会，2004年．サントリー学芸賞，アメリカ学会清水博賞，義塾賞受賞）
The American Family, University of Michigan Press & Pluto Press, 2005.
『アメリカン・コミュニティ』（新潮社，2007年）
『アメリカン・センター』（岩波書店，2008年）
『アメリカン・デモクラシーの逆説』（岩波新書，2010年）
『文化と外交』（中公新書，2011年）
『〈文化〉を捉え直す』（岩波新書，2015年）
『白人ナショナリズム』（中公新書，2020年）など

編著 *Soft Power Superpowers*, M. E. Sharpe, Inc., 2008,『現代アメリカ』（有斐閣，2010年），*Handbook of Cultural Security*, Edward Elgar Publishing, 2018 など

リバタリアニズム
中公新書 *2522*

2019年 1 月25日初版
2022年 7 月30日 3 版

著 者 渡 辺 靖
発行者 安 部 順 一

本文印刷 暁 印 刷
カバー印刷 大熊整美堂
製 本 小 泉 製 本

発行所 中央公論新社
〒 100-8152
東京都千代田区大手町 1-7-1
電話 販売 03-5299-1730
編集 03-5299-1830
URL https://www.chuko.co.jp/

Published by CHUOKORON-SHINSHA, INC.
Printed in Japan ISBN978-4-12-102522-7 C1231

中公新書

哲学・思想

a1

1 日本の名著(改版) 桑原武夫編
2187 物語 哲学の歴史 伊藤邦武
2378 保守主義とは何か 宇野重規
2522 リバタリアニズム 渡辺 靖
2591 白人ナショナリズム 渡辺 靖
2288 フランクフルト学派 細見和之
2300 フランス現代思想史 岡本裕一朗
2036 日本哲学小史 熊野純彦編著
832 外国人による日本論の名著 佐伯彰一・芳賀 徹編
1696 日本文化論の系譜 大久保喬樹
2097 江戸の思想史 田尻祐一郎
2276 本居宣長 田中康二
2458 折口信夫 植村和秀
2535 事大主義―日本・朝鮮・沖縄の「自虐と侮蔑」 室井康成
2686 中国哲学史 中島隆博
1989 諸子百家 湯浅邦弘
36 荘 子 福永光司
1695 韓 非 子 冨谷 至
1120 中国思想を考える 金谷 治
2042 菜 根 譚 湯浅邦弘
2220 言語学の教室 西村義樹・野矢茂樹
1862 入門! 論理学 野矢茂樹
448 詭弁論理学(改版) 野崎昭弘
593 逆説論理学 野崎昭弘
1939 ニーチェ―ツァラトゥストラの謎 村井則夫
2594 マックス・ウェーバー 野口雅弘
2597 カール・シュミット 蔭山 宏
2257 ハンナ・アーレント 矢野久美子
2339 ロラン・バルト 石川美子
2674 ジョン・ロールズ 齋藤純一・田中将人
674 時間と自己 木村 敏
1829 空間の謎・時間の謎 内井惣七
814 科学的方法とは何か 浅田彰・黒田末寿・佐和隆光・長野敬・山口昌哉
2176 動物に魂はあるのか 金森 修
2495 幸福とは何か 長谷川 宏
2505 正義とは何か 神島裕子
2203 集合知とは何か 西垣 通